해커스공무원

FINAL

봉투모의고사

영어

약점 보완 해설집

KB100763

9791169998383.

해커스공무원

실전모의고사 분석 & 셀프 체크

제1회 난이도	중하	제1회 합격선	17 / 20문제	권장 풀이시간	26분
체감 난이도		맞힌 개수	/ 20문제	실제 풀이시간	/ 26분

* 시험지 첫 페이지 상단의 QR 코드 스캔을 통해 좀 더 자세한 성적 분석 서비스 사용이 가능합니다.

정답

01	02	03	04	05	06	07	08	09	10
③	④	①	③	③	②	④	②	④	①

11	12	13	14	15	16	17	18	19	20
②	④	③	①	④	②	③	③	④	①

취약영역 분석표

영역	어휘	생활영어	문법	독해	TOTAL
맞힌 답의 개수	/ 4	/ 3	/ 3	/ 10	/ 20

---

01 어휘 ambiguous = unclear   난이도 하 ●○○

밑줄 친 부분의 의미와 가장 가까운 것을 고르시오.

> At first, Eric struggled with his writing assignment due to the <u>ambiguous</u> (분명하지 않은) instructions given by the teacher. But after asking her for help, he understood what needed to be done and was able to complete it successfully.

① arduous 몹시 힘든   ② permanent 영구적인
③ unclear 분명하지 않은   ④ personal 개인적인

해석

처음에, Eric은 선생님에 의해 주어진 분명하지 않은 지시사항들 때문에 글쓰기 과제에 어려움을 겪었다. 하지만 그녀에게 도움을 청한 후에, 그는 무엇을 해야 하는지 이해했고 그것(글쓰기 과제)을 성공적으로 완료할 수 있었다.

어휘

struggle 어려움을 겪다, 분투하다   assignment 과제   instruction 지시사항

이것도 알면 합격!

ambiguous(분명하지 않은)의 유의어
= dubious, obscure, puzzling, uncertain, vague

---

02 어휘 dexterous = skillful   난이도 중 ●●○

밑줄 친 부분의 의미와 가장 가까운 것을 고르시오.

> Countries that build a <u>dexterous</u> (능숙한) workforce that includes people with technological expertise and creative thinking are more likely to have a strong economy.

① loyal 충실한   ② youthful 젊은
③ massive 거대한   ④ skillful 능숙한

해석

기술적인 전문지식과 창의적인 사고를 가진 사람들을 포함하는 능숙한 노동력을 구축하는 나라들은 튼튼한 경제를 가질 가능성이 더 높다.

어휘

workforce 노동력   technological 기술적인
expertise 전문지식, 전문 기술   be likely to ~할 가능성이 있다
economy 경제

이것도 알면 합격!

dexterous(능숙한)의 유의어
= proficient, skilled, apt, able

03 　어휘　bring up = mention　　난이도 하 ●○○

밑줄 친 부분의 의미와 가장 가까운 것을 고르시오.

> At the end of the meeting, the manager decided to
> bring up the plans for the workshop that was scheduled for
> 　　(언급하다)
> the following weekend.

① mention 언급하다　　　② delay 연기하다
③ judge 판단하다　　　④ alter 변경하다

해석

회의가 끝날 무렵에, 그 관리자는 다음 주말로 예정되었던 워크숍 계획을 언급하기로 결심했다.

어휘

following 다음의, ~후에

 **이것도 알면 합격!**

bring up(언급하다)의 유의어
= discuss, propose, raise, initiate

04 　어휘　strive for = pursue　　난이도 하 ●○○

밑줄 친 부분의 의미와 가장 가까운 것을 고르시오.

> The representatives resolved to strive for changes in the
> 　　　　　　　　　　　　　(노력하다)
> laws on environment and wildlife protection.

① request 요청하다　　　② attack 비난하다
③ pursue 해 나가다　　　④ resist 저항하다

해석

국회의원들은 환경과 야생 동물 보호에 관한 법률의 변화를 위해 노력하기로 의결했다.

어휘

representative 국회의원, 대표(자)　resolve (의회가) 의결하다, 결정하다
wildlife 야생 동물　protection 보호

이것도 알면 합격!

strive for(노력하다)와 유사한 의미의 표현
= seek, aim for, go in for, work toward

05 　문법　수 일치　　난이도 상 ●●●

밑줄 친 부분 중 어법상 옳지 않은 것은?

> It is now believed ① that we can more ② comprehensively
> observe what the universe looked like about 200 million
> years after the Big Bang because the James Webb Space
> telescope, which was launched in 2021 and operates in the
> infrared spectrum, ③ possess the capacity to penetrate
> 　　　　　　　　　　　→ possesses
> cosmic dust, giving us the opportunity to look past
> obstacles that once made ④ it difficult to peer deep into the
> universe, and revealing hidden celestial bodies.

해설

③ **주어와 동사의 수 일치** 주어 자리에 단수 명사 the James Webb Space telescope가 왔으므로 복수 동사 possess를 단수 동사 possesses로 고쳐야 한다. 참고로, 주어와 동사 사이의 수식어 거품(which ~ spectrum)은 동사의 수 결정에 영향을 주지 않는다.

[오답 분석]
① **명사절 접속사 1: that | 가짜 주어 구문** 완전한 절(we can ~ celestial bodies)을 이끌며 동사 believe의 목적어 자리에 올 수 있는 명사절 접속사 that이 올바르게 쓰였다. 또한 that절(that ~ celestial bodies)과 같이 긴 주어가 오면 진짜 주어인 that절을 맨 뒤로 보내고 가주어 it이 주어 자리에 대신해서 쓰이므로 진짜 주어 자리에 that절을 이끄는 that이 올바르게 쓰였다.
② **부사 자리** 동사(observe)를 앞에서 수식할 수 있는 것은 부사이므로 부사 comprehensively가 올바르게 쓰였다.
④ **5형식 동사 | 목적어 자리** 동사 make(made)는 5형식 동사로 쓰일 때 'make(made) + 목적어 + 목적격 보어(difficult)' 형태를 취하며 '~을 -하게 만들다'라는 의미를 나타내는데, to 부정사구 목적어가 목적격 보어와 함께 오면 진짜 목적어(to 부정사구)를 목적격 보어 뒤로 보내고 목적어가 있던 자리에 가짜 목적어 it을 써서 '가짜 목적어 it + 목적격 보어(difficult) + 진짜 목적어(to peer ~ universe)'의 형태가 되어야 하므로 목적어 자리에 it이 올바르게 쓰였다.

해석

우리는 2021년에 발사되어 적외선 스펙트럼으로 작동하는 제임스 웹 우주망원경이 우주 먼지를 투과할 수 있는 능력을 보유하고 있어 우리에게 한때 우주 깊숙한 곳을 들여다보기 어렵게 만들었던 장애물을 넘어서 볼 수 있는 기회를 제공하고, 숨겨진 천체를 드러냈기 때문에 이제 우주가 빅뱅 이후 약 2억 년 동안 어떤 모습이었는지 더 완전하게 관찰할 수 있다고 믿어진다.

어휘

comprehensively 완전하게, 광범위하게　observe 관찰하다
universe 우주　telescope 망원경, 현미경　launch 발사하다, 출시하다
operate 작동하다　infrared 적외의　penetrate 투과하다, 관통하다
cosmic 우주의　dust 먼지　obstacle 장애물　peer 들여다보다, 자세히 보다
reveal 드러내다　celestial body 천체

이것도 알면 합격!

진행형·완료형·수동형 동사를 수식할 때, 부사는 '조동사 + -ing/p.p.' 사이나 그 뒤에 온다는 것을 알아두자.

[조동사 + 동사] 사이
(ex) She can quickly solve math problems.
　　　　　(조동사)　　　　(동사)
그녀는 수학 문제를 빠르게 풀 수 있다.

[조동사 + 동사] 뒤
(ex) We should speak politely to our classmates.
　　　　(조동사)　(동사)
우리는 학급 친구들에게 공손하게 말해야 한다.

06 문법 동사의 종류   난이도 중 ●●○

어법상 옳지 않은 것은?

① No longer does she have the patience to work in customer service.

② The writer had her manuscript examine for errors by a professional editor.
                            → examined

③ Trash from the party was required to be thrown away before we left.

④ The principal requested that the students arrive on time for the assembly.

[해설]

② **5형식 동사** 사역동사 have(had)의 목적어(her manuscript)와 목적격 보어가 '그녀의 원고를 검토받다'라는 의미의 수동 관계이므로 동사원형 examine을 과거분사 examined로 고쳐야 한다.

[오답 분석]

① **도치 구문: 부사구 도치 1** 부정을 나타내는 부사구(No longer)가 강조되어 문장 맨 앞에 나오면 주어와 조동사가 도치되어 '조동사 + 주어 + 동사'의 어순이 되어야 하므로 No longer does she have 가 올바르게 쓰였다.

③ **5형식 동사의 수동태 | to 부정사의 형태** to 부정사를 목적격 보어로 취하는 5형식 동사(require)가 수동태가 되면, to 부정사는 수동태 동사(was required) 뒤에 그대로 남아야 하고, to 부정사가 가리키는 명사(Trash)와 to 부정사가 '쓰레기가 버려지다'라는 의미의 수동 관계이므로 was required 뒤에 to 부정사의 수동형 to be thrown away가 올바르게 쓰였다.

④ **조동사 should의 생략** 주절에 요청을 나타내는 동사 request가 오면 종속절에는 '(should +) 동사원형'이 와야 하므로, 종속절에 동사원형 arrive가 올바르게 쓰였다.

[해석]

① 그녀는 더 이상 고객 서비스 분야에서 일을 할 인내심이 없다.
② 그 작가는 전문 편집자에 의해 자신의 원고에 오류가 있는지 검토받도록 했다.
③ 파티에서의 쓰레기는 우리가 떠나기 전에 버려져야 했다.
④ 교장 선생님은 학생들이 조회에 제시간에 도착할 것을 요청했다.

[어휘]

patience 인내심   manuscript 원고, 문서   examine 검토하다, 조사하다
professional 전문의   editor 편집자   principal 교장   assembly 조회

🏛 **이것도 알면 합격!**

동사 suggest와 insist가 해야 할 것에 대한 제안과 주장의 의미가 아닌 '암시하다', '~라는 사실을 주장하다'라는 의미를 나타낼 때는 종속절에 (should +) 동사원형을 쓸 수 없다는 것을 알아두자.

(ex) The smile on her face **suggested** that she <u>was</u> happy.
                                 과거 동사
    그녀의 얼굴의 미소는 그녀가 행복하다는 것을 암시했다.

(ex) He **insists** that he <u>saw</u> a UFO in the sky last night.
                       과거 동사
    그는 어젯밤에 하늘에서 UFO를 봤다고(UFO를 봤다는 사실을) 주장한다.

---

07 문법 전치사   난이도 중 ●●○

우리말을 영어로 잘못 옮긴 것은?

① 우리는 식물의 성장을 돕기 위해 격주로 식물에 물을 준다.
    → We water the plants every other week to help them grow.

② 사람이 많은 식당이라, 예약을 해야 한다.
    → It's a busy restaurant, so you ought to make a reservation.

③ 태평양은 대서양보다 두 배 정도 크다.
    → The Pacific Ocean is about twice as big as the Atlantic Ocean.

④ 야구 경기는 오후 4시 정도까지 계속될 것으로 예상된다.
    → The baseball game is expected to last by around 4 p.m.
                                 → until

[해설]

④ **전치사 2: 시점** '오후 4시 정도까지 계속되다'라는 특정 시점(오후 4시)까지 계속되는 상황을 나타내고 있으므로, '정해진 시점까지 어떤 행동이나 상황이 완료되는 것'을 의미하는 전치사 by를 '특정 시점까지 어떤 행동이나 상황이 계속되는 것'을 의미하는 전치사 until(~까지)로 고쳐야 한다.

[오답 분석]

① **현재 시제** '격주로 식물에 물을 준다'라는 반복되는 동작을 표현하고 있으므로 현재 시제 water가 올바르게 쓰였다. 참고로, every other week는 '격주로'라는 의미이다.

② **조동사 관련 표현** 조동사처럼 쓰이는 표현 ought to(~해야 한다) 뒤에는 동사원형이 와야 하므로 동사원형 make가 올바르게 쓰였다.

③ **원급** '두 배 정도 크다'는 '배수사 + as + 원급 + as'의 형태로 나타낼 수 있으므로 twice as big as가 올바르게 쓰였다.

[어휘]

reservation 예약   last 계속되다, 지속되다

🏛 **이것도 알면 합격!**

시점을 나타내는 전치사

• since ~ 이래로	• before / prior to ~ 전에
• from ~부터	• after / following ~ 후에
• until / by ~까지	

---

08 독해 내용 불일치 파악   난이도 중 ●●○

다음 글의 내용과 일치하지 않는 것은?

Did you know that iodine plays a vital role in maintaining a healthy thyroid? ①Iodine can be found in the soil. However, some areas have low volumes of it, which leads to low iodine content in crops. This will eventually make it difficult for us to consume iodine naturally. What happens if you don't get enough iodine? ④A deficiency can hinder normal development and lead to hypothyroidism. In severe cases, it can cause the thyroid gland to swell. Given the gravity of these symptoms, ③many countries iodize salt to ensure people get enough of it in their diet without taking supplements. In an interview, Dr. David Brownstein stressed the importance of regular iodine intake, saying, "The body doesn't have much iodine stored, so if you stop taking it, you'll go back to deficiency stage very quickly."

* hypothyroidism: 갑상선 기능 저하증

① The soil in some areas of the world does not have enough iodine.

② It takes a long time for the body to exhaust its stores of iodine.

③ Many countries actively work to prevent iodine deficiencies.

④ Iodine is essential for normal development and the prevention of hypothyroidism.

해설

지문 마지막에서 David Brownstein 박사가 신체에 요오드가 많이 저장되어 있지 않기 때문에 섭취를 중단하면 매우 빨리 결핍 단계로 돌아갈 것이라고 말했다고 설명하고 있으므로, '② 신체가 요오드 비축량을 소진하는 데는 오랜 시간이 걸린다'는 것은 지문의 내용과 일치하지 않는다.

해석

여러분은 요오드가 건강한 갑상선을 유지하는 데 중요한 역할을 한다는 것을 알고 있었는가? 요오드는 토양에서 발견될 수 있다. 하지만, 일부 지역은 그것(요오드)의 양이 적은데, 이는 작물의 낮은 요오드 함량으로 이어진다. 이것은 결국 우리가 자연적으로 요오드를 섭취하는 것을 어렵게 만든다. 요오드를 충분히 섭취하지 않으면 어떻게 되는가? 결핍은 정상적인 발달을 방해하고 갑상선 기능 저하증으로 이어질 수 있다. 심한 경우, 그것(결핍)은 갑상선이 부어오르게 할 수 있다. 이러한 증상의 중대함을 감안할 때, 많은 국가들은 사람들이 보조식품을 섭취하지 않고 식단에서 그것을 충분히 섭취하도록 하기 위해 소금을 요오드화한다. 한 인터뷰에서, David Brownstein 박사는 "신체에 요오드가 많이 저장되어 있지 않기 때문에, 그것(요오드)의 섭취를 중단하면 매우 빨리 결핍 단계로 돌아갈 것입니다"라고 말하며 규칙적인 요오드 섭취의 중요성을 강조했다.

① 세계의 일부 지역의 토양은 충분한 요오드를 가지고 있지 않다.
② 신체가 요오드 비축량을 소진하는 데는 오랜 시간이 걸린다.
③ 많은 국가들이 요오드 결핍을 막기 위해 적극적으로 노력한다.
④ 요오드는 정상적인 발달과 갑상선 기능 저하증 예방에 필수적이다.

어휘

iodine 요오드　thyroid 갑상선　deficiency 결핍, 부족
hinder 방해하다, 저해하다　gland (분비)선, 샘　gravity 중대함
symptom 증상　iodize 요오드화하다　supplement 보조식품
stress 강조하다　intake 섭취, 흡입　exhaust 소진시키다, 다 써버리다
prevention 예방, 방지

09　독해　내용 일치 파악　난이도 중 ●●○

다음 글의 내용과 일치하는 것은?

①After World War II, both the U.S. and the Soviet Union aimed to spread their influence globally, leading to the Cold War. ②During this time, the fear of Soviet-style communism in the United States intensified. Many Americans feared that there were communist sympathizers within the United States. As a result, the House Un-American Activities Committee began an investigation. Numerous individuals, especially intellectuals and Hollywood celebrities, were targeted. ③They were questioned about their alleged ties to the Communist Party, often baselessly. One figure, Senator Joseph McCarthy, was particularly aggressive and accusatory. His tactics caused many to be blacklisted, fired, or even imprisoned based solely on suspicion.

① Tensions between the U.S. and the Soviet Union eased after World War II.

② Americans grew increasingly comfortable with the idea of communism during the Cold War.

③ The House Un-American Activities Committee only questioned established members of the Communist Party.

④ People lost their jobs and reputations because of McCarthy's actions.

해설

지문 마지막에서 조셉 매카시 상원의원의 공격적이고 비난적인 전술은 많은 사람들이 블랙리스트에 오르거나, 해고되거나, 심지어 오직 혐의만으로 투옥되게 만들었다고 설명하고 있으므로, '④ 사람들은 매카시의 행동 때문에 그들의 일자리와 명예를 잃었다'는 것은 지문의 내용과 일치한다.

[오답 분석]
① 첫 번째 문장에서 제2차 세계대전 이후 미국과 소련은 모두 그들의 영향력을 세계적으로 확산시키는 것을 목표로 했고, 이는 냉전으로 이어졌다고 했으므로 지문의 내용과 다르다.
② 두 번째 문장에서, 이 시기(냉전) 동안 미국에서 소련식 공산주의에 대한 두려움이 심해졌다고 했으므로 지문의 내용과 다르다.
③ 여섯 번째 문장에서 수많은 개인들이 '하원 비미(非美) 활동 조사 위원회'의 표적이 되었다고 했고, 일곱 번째 문장에서 그들은 종종 근거 없이 공산당과의 관계에 대해 심문을 받았다고 했으므로 지문의 내용과 다르다.

해석

제2차 세계대전 이후, 미국과 소련은 모두 그들의 영향력을 세계적으로 확산시키는 것을 목표로 했고, 이는 냉전으로 이어졌다. 이 시기 동안, 미국에서 소련식 공산주의에 대한 두려움이 심해졌다. 많은 미국인들은 미국 내에 공산주의 동조자들이 있는 것을 두려워했다. 그 결과, '하원 비미(非美) 활동 조사 위원회'가 수사를 시작했다. 수많은 개인들, 특히 지식인들과 할리우드 유명 인사들이 표적이 되었다. 그들은 종종 근거 없이 공산당과의 관계에 대해 심문을 받았다. 한 인물인 조셉 매카시 상원의원은 특히 공격적이고 비난적이었다. 그의 전술은 많은 사람들이 블랙리스트에 오르거나, 해고되거나, 심지어 오직 혐의만으로 투옥되게 만들었다.

① 미국과 소련 사이의 긴장은 제2차 세계대전 이후 완화되었다.
② 미국인들은 냉전 기간 동안 공산주의 사상에 대해 점점 더 편안해졌다.
③ '하원 비미(非美) 활동 조사 위원회'는 기성 공산당 의원들만을 심문했다.
④ 사람들은 매카시의 행동 때문에 그들의 일자리와 명예를 잃었다.

어휘

the Cold War 냉전(양극체제하에서 사회주의진영과 자본주의진영 간의 잠재적인 권력투쟁) **communism** 공산주의 **intensify** 심해지다, 격렬해지다
sympathizer 동조자, 지지자 **committee** 위원회
investigation 수사, 조사 **intellectual** 지식인 **target** ~를 표적으로 삼다
question 심문하다 **alleged** 추정의, (증거 없이) 주장된 **tie** 관계
party 정당 **baselessly** 근거 없이 **figure** 인물 **senator** 상원의원
particularly 특히 **aggressive** 공격적인 **accusatory** 비난적인, 비난의
tactic 전술, 전략 **imprison** 투옥하다, 구금하다 **solely** 오직, 단지
suspicion 혐의, 의혹

---

10 생활영어 I ordered it online. 난이도 하 ●○○

밑줄 친 부분에 들어갈 말로 알맞은 것을 고르시오.

> A: I'm sorry, but I won't be joining you for coffee today. I have a new travel mug that's kept my morning drink warm, so I won't need another one.
> B: Wow, that's amazing. Where did you get it? Mine only keeps my drink warm for a couple hours after I leave the house.
> A: _____
> B: You should send me the website later.
> A: Of course. It's a little expensive, but I think a higher price is worth it for a better product.
> B: That's true. I'd rather have something that works well and lasts a long time.

① I ordered it online.
② It's not available.
③ I'd look at other products.
④ Here, take a look at it.

해설

아침에 마시는 음료를 따뜻하게 유지해 주는 여행용 머그잔이 새로 생겼다는 A에게 B가 어디에서 샀냐고 질문하고, 빈칸 뒤에서 다시 B가 You should send me the website later(나중에 그 웹사이트를 보내 줘)이라고 말하고 있으므로, 빈칸에는 '① 나는 그것을 온라인으로 주문했어(I ordered it online)'가 들어가야 자연스럽다.

해석

> A: 미안하지만, 오늘은 너와 함께 커피를 마시지 않을 거야. 내가 아침에 마시는 음료를 따뜻하게 유지해 주는 여행용 머그잔이 새로 생겨서 더 이상(의 커피가) 필요하지 않을 것 같아.
> B: 와, 정말 놀랍다. 어디에서 샀어? 내 것은 내가 집에서 떠난 후에 몇 시간 동안만 내 음료를 따뜻하게 유지해 줘.

> A: 나는 그것을 온라인으로 주문했어.
> B: 나중에 그 웹사이트를 보내 줘.
> A: 물론이지. 조금 비싸긴 하지만, 더 좋은 제품을 위해서는 더 높은 가격이 가치가 있다고 생각해.
> B: 맞아. 나는 차라리 효과가 좋고 오래 지속되는 것을 갖고 싶어.

① 나는 그것을 온라인으로 주문했어.
② 그것은 구할 수 없어.
③ 나는 다른 제품을 살펴보겠어.
④ 자, 한번 봐봐.

어휘

worth 가치 있는 **would rather** (…하기보다는 차라리) … 하고 싶다
available 구할(이용할) 수 있는

이것도 알면 합격!

온라인 쇼핑을 할 때 쓸 수 있는 표현을 알아두자.
- **add to cart** 장바구니에 담기
- **wish list** 위시리스트, 구매 희망 목록
- **shipping option** 배송 방법
- **promo code/coupon code** 프로모션 코드/쿠폰 코드
- **in stock/out of stock** 재고 있음/재고 없음
- **payment option** 지불 방법
- **tracking number** 추적 번호(주문 또는 발송한 물건의 배송 상황을 추적할 수 있도록 부여된 번호)

---

11 생활영어 Just put them in a donation box. They're everywhere. 난이도 하 ●○○

밑줄 친 부분에 들어갈 말로 알맞은 것을 고르시오.

> A: I have way too much stuff in my closet right now.
> B: Well, maybe it's time to get rid of some clothes. You could organize your closet.
> A: But what do I do with the things I don't want anymore?
> B: _____
> A: Oh, that's right. Then, people who need them could have them.
> B: Exactly. You can also try selling some clothes to second-hand shops.
> A: I'll look into that too. Thanks!

① I love this shirt. If you're giving it away, I'll take it.
② Just put them in a donation box. They're everywhere.
③ You can get a lot of money for some of these clothes.
④ Don't worry. I'll help you put everything in order.

해설

옷장에 옷이 너무 많다는 A에게 B가 옷장 정리를 해보라고 대답하고, 빈칸 앞에서 A가 더 이상 원하지 않는 것들은 어떻게 해야 할지 질문한 뒤, 빈칸 뒤에서 다시 A가 Then, people who need them could have them

(그러면, 필요한 사람들이 그것들을 가질 수 있겠다)라고 말하고 있으므로, 빈칸에는 '② 그냥 기부함에 넣어. 그것들은 어디에나 있어(Just put them in a donation box. They're everywhere)'가 들어가야 자연스럽다.

해석

> A: 나는 지금 옷장에 옷이 너무 많아.
> B: 음, 옷을 좀 버릴 때가 된 것 같네. 옷장 정리를 해봐.
> A: 하지만 내가 더 이상 원하지 않는 것들은 어떻게 해야 할까?
> B: 그냥 기부함에 넣어. 그것들은 어디에나 있어.
> A: 오, 맞아. 그러면, 필요한 사람들이 그것들을 가질 수 있겠다.
> B: 정확해. 중고품 가게에 일부 옷들을 파는 것을 시도해 볼 수도 있어.
> A: 그것도 한번 알아볼게. 고마워!

① 이 셔츠 마음에 든다. 네가 그것을 나눠줄 거라면, 내가 가져갈게.
② 그냥 기부함에 넣어. 그것들은 어디에나 있어.
③ 이 옷들 중 일부로 많은 돈을 벌 수 있어.
④ 걱정하지 마. 모든 것을 정리하는 것을 도와줄게.

어휘

stuff (막연히, 종류를 불문하고) 것, 물건   closet 옷장
get rid of 버리다, 처리하다   second-hand shop 중고품 가게
give away 나누어 주다, 거저 주다   donation 기부

이것도 알면 합격!

중고품과 관련된 표현을 알아두자.
• thrift store 중고품 할인 판매점
• second-hand items 중고품
• pre-owned 중고의
• gently used 깨끗이 사용된
• bargain (정상가보다) 싸게 사는 물건
• consignment shop 위탁 판매점(소유자가 위탁한 중고 의류·액세서리 취급)

---

12 생활영어 So just bite the bullet. 난이도 중 ●●○

두 사람의 대화 중 자연스럽지 않은 것은?

① A: I think we should have a short meeting.
  B: We're on the same page.
② A: My band is playing tonight!
  B: Then, knock everyone's socks off.
③ A: I'd love to go to the park.
  B: So just bite the bullet.
④ A: Your daughter is so polite.
  B: She's the apple of my eye.

해설

③번에서 A는 공원에 가고 싶다고 하고 있으므로, 그냥 이를 악물고 하라는 B의 대답 '③ So just bite the bullet(그러면 그냥 이를 악물고 하세요)'은 어울리지 않는다.

해석

① A: 짧은 회의를 해야 할 것 같습니다.
  B: 저도 생각이 같습니다.
② A: 오늘 밤에 저희 밴드가 공연을 해요!
  B: 그럼, 모두를 깜짝 놀라게 하세요.
③ A: 저는 공원에 가고 싶어요.
  B: 그러면 그냥 이를 악물고 하세요.
④ A: 따님이 정말 예의 바르네요.
  B: 저의 가장 소중한 사람이에요.

어휘

be on the same page (~에 대해) 이해하고 있는 내용이 같다
knock one's socks off ~를 깜짝 놀라게 하다, ~를 크게 감동시키다
bite the bullet (하기는 싫지만 피할 수 없는 일을) 이를 악물고 하다
the apple of one's eye 가장 소중한 사람, 눈에 넣어도 안 아픈 존재

이것도 알면 합격!

음식 이름이 들어간 관용 표현을 알아두자.
• pie in the sky 그림의 떡
• apples and oranges 서로 전혀 다른 두 사람[가지]
• sell like hot cakes 날개 돋친 듯 팔리다
• a piece of cake 식은 죽 먹기

---

13 독해 제목 파악 난이도 중 ●●○

다음 글의 제목으로 알맞은 것은?

> While chemical communication isn't as prominent in human interactions as it is with other species, it can still play a significant role in our social dynamics. We emit specific chemical signals called pheromones, which convey information about emotions, health, and even genetic compatibility, from various glands on the body. Take tears produced during moments of extreme distress, for example. Experts believe that these may contain chemical signals that are able to influence the emotions of individuals nearby. Additionally, our bodies can use pheromones to attract potential romantic interests, signaling to others the possibility of being an ideal genetic match.

① Chemical Bonds: The Secret Foundation of Every Relationship
② Emotion Regulation is Vital to Successful Social Interactions
③ Chemical Cues Can Send Out Important Messages
④ How Do Humans Communicate Differently from Other Species?

해설

지문 처음에서 화학적 의사소통이 인간의 사회 역학에서 중요한 역할을 할 수 있으며 우리는 감정, 건강, 그리고 심지어 유전적 호환성에 대한 정보를

전달하는 특정한 화학적 신호를 방출한다고 설명하고 있으므로, '③ 화학적 신호는 중요한 메시지를 전달할 수 있다'가 이 글의 제목이다.

해석

화학적 의사소통은 다른 종들에서처럼 인간의 상호작용에서 두드러지지는 않지만, 그것은 여전히 우리의 사회 역학에서 중요한 역할을 할 수 있다. 우리는 감정, 건강, 그리고 심지어 유전적 호환성에 대한 정보를 전달하는 페로몬이라고 불리는 특정한 화학적 신호를 신체의 다양한 분비선으로부터 방출한다. 예를 들어, 극심한 고통의 순간에 만들어진 눈물을 생각해 보라. 전문가들은 이것이 가까운 곳에 있는 사람들의 감정에 영향을 미칠 수 있는 화학적 신호를 포함하고 있을 수도 있다고 생각한다. 게다가, 우리의 신체는 다른 사람들에게 이상적인 유전적 일치의 가능성을 알리며 잠재적 낭만적 관심을 끌기 위해 페로몬을 활용할 수 있다.

① 화학적 유대: 모든 관계의 비밀스러운 토대
② 감정 조절은 성공적인 사회적 상호작용에 필수적이다
③ 화학적 신호는 중요한 메시지를 전달할 수 있다
④ 인간은 어떻게 다른 종들과 다르게 의사소통하는가?

어휘

chemical 화학적인 prominent 두드러진 significant 중요한
dynamics 역학, 역동성 emit 방출하다
pheromone 페로몬(동종 유인 호르몬) genetic 유전적인
compatibility 호환성, 양립성, 융화성 gland (분비)선, 샘 distress 고통
attract (관심을) 끌다 bond 유대 regulation 조절 cue 신호, 단서

---

14 독해 주제 파악 난이도 중 ●●○

다음 글의 주제로 알맞은 것은?

It's certain that teenagers today rely more on technology for entertainment compared to kids in the past. But there are still effective ways to encourage them to appreciate activities beyond the digital world. It's crucial to establish boundaries on device usage and create designated tech-free zones and times within your household. For example, if the entire family is home for dinner, have a clear rule that no devices are allowed at the table during meals. You can foster engaging conversations as you eat instead. This can be accomplished with activities such as using question cards or taking turns talking about the highlights and challenges of your day. Discussions like this emphasize the value of face-to-face interactions, illustrating that they can be as, if not more, enjoyable than what is experienced online. It will show your children that sometimes the real-world is an exciting place to live in, too.

① promoting interest in experiences that are offline
② educating on the safe use of digital tools
③ encouraging respect for strictly obeying household rules
④ talking about important issues with close family members

해설

지문 처음에서 오늘날의 십 대들이 디지털 세계를 넘어선 활동들의 진가를 알아보도록 격려할 수 있는 여전히 효과적인 방법들이 있다고 언급하며 지문 전반에 걸쳐 그 방법과 예시에 대해 설명하고 있고, 지문 마지막에서 (식사 중에 식탁에서 이루어지는) 토론은 대면 상호작용이 온라인에서 경험하는 것보다 더 즐겁거나, 그렇지 않다면 그것만큼 즐거울 수 있다는 것을 보여준다고 이야기하고 있으므로, '① 오프라인 경험에 대한 흥미를 증진시키기'가 이 글의 주제이다.

해석

오늘날의 십 대들이 과거의 아이들에 비해 즐거움을 위해 기술에 더 의존하는 것은 확실하다. 그러나 그들이 디지털 세계를 넘어선 활동들의 진가를 알아보도록 격려할 수 있는 여전히 효과적인 방법들이 있다. 기기 사용에 대한 경계를 설정하고 가정 내에 지정된 '기술이 없는' 구역과 시간을 만드는 것이 중요하다. 예를 들어, 온 가족이 저녁 식사를 위해 집에 있다면, 식사 중에는 식탁에서 기기가 허용되지 않는다는 명확한 규칙을 만들어라. 대신 당신은 식사를 하면서 매력적인 대화를 촉진할 수 있다. 이것은 질문 카드를 사용하거나 하루 중 가장 흥미로웠던 점과 어려웠던 점에 대해 돌아가면서 이야기하는 것과 같은 활동으로 달성될 수 있다. 이와 같은 토론은 대면 상호작용의 가치를 강조하고, 그것들이 온라인에서 경험하는 것보다 더 즐겁거나, 그렇지 않다면 그것만큼 즐거울 수 있다는 것을 보여준다. 그것은 때때로 현실 세계도 살기에 신나는 장소라는 것을 당신의 아이들에게 보여줄 것이다.

① 오프라인 경험에 대한 흥미를 증진시키기
② 디지털 도구의 안전한 사용에 대해 교육하기
③ 가정의 규칙을 철저히 준수하는 것에 대한 존중을 장려하기
④ 가까운 가족 구성원들과 중요한 문제들에 대해 이야기하기

어휘

encourage 격려하다, 장려하다 appreciate 진가를 알아보다, 감상하다
crucial 중요한 establish 설정하다, 설립하다 designate 지정하다
household 가정, 가구 foster 촉진하다, 증진하다 engaging 매력적인
emphasize 강조하다 illustrate 보여주다, 설명하다
promote 증진하다, 촉진하다 strictly 철저히, 엄격하게
obey 준수하다, 따르다

---

15 독해 요지 파악 난이도 중 ●●○

다음 글의 요지로 알맞은 것은?

Educators and parents often turn to "extrinsic rewards" such as stickers, candy, or money to encourage children to learn. But this approach, if overused, can rob children of the opportunity to appreciate the natural value of knowledge and the joys associated with learning, such as curiosity and the desire to improve. This is because they become more interested in getting a reward than learning. In addition, it can send the message to the children that they should get external approval for their actions. If they are always rewarded for doing tasks others expect them to do, it might make them feel as though they can't depend on their own judgement. That's why having both external and intrinsic motivation is crucial. External rewards help get children excited in a task, while intrinsic motivation keeps their love for learning going.

① Offering extrinsic rewards promotes curiosity in children.
② Children should be taught to always get external guidance.
③ Parents should take joy in celebrating their children's academic achievements.
④ Balancing intrinsic and extrinsic motivation fosters joy in learning.

해설
지문 마지막에서 아이들이 다른 사람들이 기대하는 일을 하는 것에 대해 항상 보상을 받는다면 아이들이 자신의 판단에 의존할 수 없는 것처럼 느끼게 만들 수 있으므로 외재적 동기와 내재적 동기를 모두 갖는 것이 중요하며, 내재적 동기가 아이들이 학습을 계속 좋아하도록 유지하는 동안 외적인 보상은 아이들이 어떤 일에 대해 흥미를 갖도록 도와준다고 설명하고 있으므로, '④ 내재적 동기와 외재적 동기의 균형을 맞추는 것은 학습의 즐거움을 증진시킨다'가 이 글의 요지이다.

해석
교육자들과 부모들은 종종 아이들이 배우도록 격려하기 위해 스티커, 사탕, 또는 돈과 같은 '외재적 보상'에 의지한다. 하지만 이 접근법이 남용되면, 아이들로부터 지식의 자연적인 가치와 학습과 관련된 즐거움, 예를 들어 호기심과 개선되고자 하는 열망을 이해할 기회를 빼앗을 수 있다. 이것은 그들이 학습보다 보상을 받는 것에 더 관심을 갖게 되기 때문이다. 게다가, 그것은 아이들에게 그들의 행동에 대해 외부의 승인을 받아야 한다는 메시지를 전달할 수 있다. 만약 그들이 다른 사람들이 기대하는 일을 하는 것에 대해 항상 보상을 받는다면, 아이들이 자신의 판단에 의존할 수 없는 것처럼 느끼게 만들 수도 있다. 그것이 외재적 동기와 내재적 동기를 모두 갖는 것이 중요한 이유이다. 내재적 동기가 아이들이 학습을 계속 좋아하도록 유지하는 동안, 외적인 보상은 아이들이 어떤 일에 대해 흥미를 갖도록 도와준다.

① 외재적 보상을 제공하는 것은 아이들의 호기심을 촉진시킨다.
② 아이들은 항상 외부의 지도를 받도록 가르쳐져야 한다.
③ 부모들은 아이들의 학업 성취를 축하하는 기쁨을 누려야 한다.
④ 내재적 동기와 외재적 동기의 균형을 맞추는 것은 학습의 즐거움을 증진시킨다.

어휘
educator 교육자　**extrinsic** 외재적인　**approach** 접근법
overuse ~을 남용하다　**rob A of B** A에게서 B를 빼앗다
associated with ~과 관련되다　**curiosity** 호기심　**desire** 열망, 욕구
approval 승인, 허가　**expect** 기대하다, 예상하다　**judgement** 판단
external 외적인, 외부의　**intrinsic** 내재적인　**motivation** 동기
task 일, 과업　**guidance** 지도, 지침　**achievement** 성취

구문분석
[3행] But this approach, / if overused, / can rob / children / of / the opportunity / to appreciate the natural value of knowledge / and the joys / associated with learning, / such as curiosity and the desire to improve.
: 이처럼 rob A of B 구문이 사용되었을 경우, 'A에게서 B를 빼앗다'라고 해석한다.

---

16 독해 빈칸 완성 - 단어　　난이도 중 ●●○

밑줄 친 부분에 들어갈 말로 알맞은 것은?

Companies leverage user-generated content (UGC) to both engage their existing customer base and attract new consumers. UGC, often in the form of reviews and testimonials, serves as proof of a product's value. With the increasing ubiquity of the Internet and social media, businesses find it easier to amass UGC through online campaigns. Many companies use the accumulated ideas of customers to create logos, trademarked slogans, and marketing advertisements. Some companies have even used UGC to develop products that are considered _____. For instance, LEGO operates a Product Ideas campaign, allowing individuals to submit their own LEGO set ideas and samples. LEGO then selects the best concepts and transforms them into actual toys available for purchase in their stores.

① sustainable
② official
③ expected
④ luxurious

해설
지문 마지막에서 레고는 사람들이 자신의 레고 세트 아이디어와 샘플을 제출할 수 있도록 하는 캠페인을 운영한 다음 최고의 컨셉을 선택하고, 그것들을 그들의 가게에서 구매할 수 있는 실제 장난감으로 탈바꿈시킨다고 설명하고 있으므로, 빈칸에는 일부 기업들은 심지어 '② 공식적인' 것으로 여겨지는 제품들을 개발하기 위해 UGC를 활용해 왔다는 내용이 들어가야 한다.

해석
기업들은 기존의 고객층과 새로운 소비자 모두를 끌어들이기 위해 사용자 제작한 콘텐츠(UGC)를 활용한다. 종종 리뷰와 추천의 형태인 UGC는 제품의 가치를 증명하는 역할을 한다. 인터넷과 소셜 미디어가 점점 더 편재하게 되면서, 기업들은 온라인 캠페인을 통해 UGC를 모으는 것이 더 쉽다고 생각한다. 많은 기업들은 로고, 상표가 등록된 슬로건, 그리고 마케팅 광고를 만들기 위해 고객들의 축적된 아이디어를 활용한다. 일부 기업들은 심지어 공식적인 것으로 여겨지는 제품들을 개발하기 위해 UGC를 활용해 왔다. 예를 들어, 레고는 사람들이 자신의 레고 세트 아이디어와 샘플을 제출할 수 있도록 하는 '제품 아이디어' 캠페인을 운영한다. 그런 다음 레고는 최고의 컨셉을 선택하고 그것들을 그들의 가게에서 구매할 수 있는 실제 장난감으로 탈바꿈시킨다.

① 지속 가능한
② 공식적인
③ 예상되는
④ 호화로운

어휘
leverage 활용하다; 영향력　**generate** 제작하다, 생성하다, 만들어 내다
engage 끌어들이다, 관여시키다　**testimonial** 추천(장), 증명서
ubiquity 편재, 어디에나 있는 것　**amass** 모으다, 축적하다
accumulate 축적하다　**trademarked** 상표가 등록된
operate 운영하다, 작동되다　**submit** 제출하다　**sustainable** 지속 가능한
luxurious 호화로운

17 독해 무관한 문장 삭제   난이도 중 ●●○

다음 글의 흐름상 어색한 문장은?

Sometimes organizations need to rebrand, a process that may involve changes to a symbol, name, imagery, or a combination of these elements. Various issues can prompt such a change. ① A merger or an acquisition can lead to the blending of two brand identities into a single cohesive one. Companies might also rebrand if there's a need to appeal to a new demographic or if their offerings have changed. ② The need to shed negative connotations or an outdated image is another compelling reason to rebrand. In an age where cultural sensitivity matters, it is essential for brands to ensure they are resonating with diverse audiences and not perpetuating stereotypes. ③ Understanding consumers is important, but it's also critical for a company to know its competitors. Take, for instance, the example of the Washington Redskins. ④ The professional football team changed its name to the Washington Commanders due to the offensive nature of its original name. It rebranded because it recognized the importance of aligning its identity with the evolving expectations of society.

해설

지문 처음에서 때때로 조직은 상징물, 이름, 이미지, 또는 이러한 요소의 조합을 변경하는 것을 수반할 수 있는 과정인 리브랜딩을 해야 한다고 설명한 뒤, ①, ②, ④번에서 리브랜딩을 하는 이유와 예시를 언급하고 있다. 그러나 ③번은 기업이 고객을 이해하는 것도 중요하지만 경쟁사를 아는 것도 대단히 중요하다는 내용으로, 리브랜딩을 하는 이유에 대해 설명하는 지문 전반의 내용과 관련이 없다.

해석

때때로 조직은 상징물, 이름, 이미지, 또는 이러한 요소의 조합을 변경하는 것을 수반할 수 있는 과정인 리브랜딩을 해야 한다. 다양한 문제가 그러한 변화를 촉발할 수 있다. ① 합병이나 인수는 두 개의 브랜드 정체성을 하나의 응집력 있는 것으로 혼합시키는 것으로 이어질 수 있다. 기업들은 또한 새로운 인구 통계적 집단에 호소할 필요가 있거나 그들이 제공하는 것이 변경된 경우에도 리브랜딩을 할 수 있다. ② 부정적인 느낌이나 구식의 이미지에서 탈피해야 할 필요도 리브랜딩을 하는 또 다른 강력한 이유이다. 문화 감수성이 중요한 시대에, 브랜드들은 다양한 고객들에게 반향을 불러일으키는 것과 고정 관념을 영구화하지 않는 것을 확실하게 하는 것이 필수적이다. ③ 고객을 이해하는 것도 중요하지만, 기업이 경쟁사를 아는 것도 대단히 중요하다. 예를 들어, 워싱턴 레드스킨스를 생각해 보라. ④ 그 프로 미식 축구팀은 원래 이름의 불쾌한 특성 때문에 이름을 워싱턴 커맨더스로 바꿨다. 그 팀은 사회의 진화하는 기대에 자신의 정체성을 맞추는 것의 중요성을 인식했기 때문에 리브랜딩을 했다.

어휘

merger 합병, 통합   acquisition 인수, 습득   cohesive 응집력이 있는
appeal 호소하다   demographic 인구 통계적 집단   shed 탈피하다
connotation 느낌, 의미   outdated 구식의   compelling 강력한
resonate 반향을 불러일으키다   perpetuate 영구화하다
offensive 불쾌한, 모욕적인   align 맞추다

---

18 독해 문장 삽입   난이도 중 ●●○

주어진 문장이 들어갈 위치로 알맞은 것은?

This information is then sent to a central system, which shares it with the public through apps, websites, and public display boards.

Following escalating concerns about air quality and its impact on public health, the Singaporean government has introduced an interesting new program. (①) Known as the "Pollution Index Express" (PIE) system, it uses public buses as units for measuring air quality. (②) As these buses drive through the streets of the city, they use sensors to constantly collect data on a range of pollutants. (③) If pollution gets too bad, the system warns people about it. (④) It also helps the government make informed decisions so that they can keep the air cleaner for the people.

해설

③번 앞 문장에 버스들이 도시의 거리를 달릴 때 다양한 오염 물질에 대한 정보를 끊임없이 수집하기 위해 센서를 사용한다는 내용이 있고, ③번 뒤 문장에 오염이 너무 심해지면, 그 시스템(the system)은 사람들에게 그것에 대해 경고한다는 내용이 있으므로, ③번에 이 정보(This information)는 중앙 시스템으로 전송되고, 중앙 시스템은 앱, 웹사이트 및 공공 게시판을 통해 그것(정보)을 대중과 공유한다는 내용의 주어진 문장이 나와야 지문이 자연스럽게 연결된다.

해석

공기의 질과 그것이 공중 보건에 미치는 영향에 대한 고조되는 우려의 결과로, 싱가포르 정부는 흥미로운 새 프로그램을 도입했다. '급행 오염 지표'(PIE) 시스템으로 알려진 그것은 공공 버스를 공기의 질을 측정하는 장치로 사용한다. 이 버스들이 도시의 거리를 달릴 때, 그것들은 다양한 오염 물질에 대한 정보를 끊임없이 수집하기 위해 센서를 사용한다. ③ 그런 다음 이 정보는 중앙 시스템으로 전송되고, 중앙 시스템은 앱, 웹사이트 및 공공 게시판을 통해 그것을 대중과 공유한다. 오염이 너무 심해지면, 그 시스템은 사람들에게 그것에 대해 경고한다. 그것은 또한 정부가 정보에 입각한 결정을 내리도록 도와 국민들을 위해 공기를 더 깨끗하게 유지할 수 있도록 한다.

어휘

escalate 고조되다, 확대되다   concern 우려   impact 영향   index 지표
unit 장치, 단위   measure 측정하다   constantly 끊임없이
a range of 다양한   pollutant 오염 물질   informed 정보에 입각한, 잘 아는

---

19 독해 문단 순서 배열   난이도 중 ●●○

주어진 글 다음에 이어질 글의 순서로 알맞은 것은?

Ancient civilizations had laws that structured society and maintained order.

(A) For instance, a son who hit his father would have his hands cut off, a penalty rooted in the principle of "an eye for an eye."

(B) It consisted of 282 laws detailing crimes and the punishments that corresponded to each offense, many of which are quite severe by today's standards.

(C) One of the earliest codified legal systems was the Code of Hammurabi, named after the Babylonian king who commissioned it in the 18th century BCE.

① (A) – (B) – (C) ② (B) – (A) – (C)
③ (C) – (A) – (B) ④ (C) – (B) – (A)

해설

주어진 문장에서 고대 문명에는 사회를 체계화하고 질서를 유지하는 법이 있었다고 하고, (C)에서 가장 초기의 성문화된 법적 제도 중 하나는 함무라비 법전이라고 설명하고 있다. 이어서 (B)에서 그것(It)은 282개의 법률로 구성되어 있었는데, 그중 많은 것들은 오늘날의 기준으로 볼 때 상당히 엄격하다고 언급한 후, 뒤이어 (A)에서 엄격한 법률의 예시로 아버지를 때린 아들은 손이 잘리게 되는 것을 설명하고 있다. 따라서 ④번이 정답이다.

해석

고대 문명에는 사회를 체계화하고 질서를 유지하는 법이 있었다.

(C) 가장 초기의 성문화된 법적 제도 중 하나는 함무라비 법전으로, 이는 기원전 18세기에 그것을 의뢰한 바빌로니아 왕의 이름을 따서 지어졌다.

(B) 그것은 범죄와 각 범죄에 해당하는 처벌을 세부적으로 규정한 282개의 법률로 구성되어 있었는데, 그중 많은 것들은 오늘날의 기준으로 볼 때 상당히 엄격하다.

(A) 예를 들어, 아버지를 때린 아들은 손이 잘리게 되는데, 이것은 '눈에는 눈'이라는 원칙에 뿌리를 둔 처벌이다.

어휘

civilization 문명 **structure** 체계화하다, 조직화하다 **order** 질서
penalty 처벌, 벌(금) **principle** 원칙 **consist** 구성되다, 이루어지다
crime 범죄 **correspond** 해당하다, 일치하다 **severe** 엄격한, 심각한, 심한
codify 성문화하다, 법전으로 엮다 **code** 법전, 규준
commission 의뢰하다, 주문하다

---

20 독해 빈칸 완성 - 구   난이도 중 ●●○

밑줄 친 부분에 들어갈 말로 알맞은 것은?

Addiction is a complex phenomenon that often defies explanation. Psychologists tend to attribute it to a combination of factors, but there is no definitive way to pinpoint who will develop an unhealthy relationship with a substance or activity. It is understood, however, that there are both behavioral and cognitive processes at play, which is key to determining how treatment is approached. Behaviorally, addiction is characterized by the compulsive use of a substance or engagement in an activity that has harmful consequences. Over time, the behavior becomes automatic, with cravings for the addictive substance or activity manifesting and tolerance for it developing. Cognitively, distorted thoughts accompany addiction. For instance, an addict might rationalize the use of a substance or underestimate its impact. Recognizing that addiction encompasses many components is crucial for a successful intervention to take place. Cognitive Behavioral Therapy, which addresses both the behavioral impulses and cognitive distortions associated with addiction, has proven effective in many cases as it works _____ _____.

① through a multifaceted approach
② over an extensive period of time
③ without use of medications
④ before a serious problem can develop

해설

지문 처음에서 중독이 복잡한 현상이라고 하고, 지문 전반에 걸쳐 중독의 행동적이고 인지적인 과정을 설명한 뒤, 빈칸 앞부분에서 '인지 행동 치료'는 중독과 관련된 이러한 행동 충동과 인지 왜곡을 모두 다룬다는 내용이 있으므로, 빈칸에는 '인지 행동 치료'는 ① 다각적인 접근 방식으로' 작용함에 따라 많은 경우에 효과적인 것으로 입증되었다는 내용이 들어가야 한다.

해석

중독은 종종 설명할 수 없는 복잡한 현상이다. 심리학자들은 그것을 요인들의 조합에 원인이 있다고 보는 경향이 있지만, 누가 어떤 물질 또는 활동과 건강하지 못한 관계를 발달시킬 것인지를 정확하게 집어낼 결정적인 방법은 없다. 그러나, 행동적 과정과 인지적 과정이 모두 작용하고 있는 것으로 이해되고 있으며, 이는 치료가 어떻게 접근되는지를 결정하는 열쇠이다. 행동적으로, 중독은 물질의 충동적인 사용 또는 해로운 결과를 가지는 활동에의 관여를 특징으로 한다. 시간이 지남에 따라, 중독적인 물질이나 활동에 대한 갈망이 나타나고 그것에 대한 내성이 발달하면서 그 행동은 자동적이 된다. 인지적으로, 왜곡된 생각은 중독을 수반한다. 예를 들어, 중독자는 물질의 사용을 합리화하거나 그것의 영향을 과소평가할 수 있다. 중독이 많은 구성 요소를 포함한다는 것을 인식하는 것은 성공적인 개입이 일어나기 위해 매우 중요하다. 중독과 관련된 행동 충동과 인지 왜곡을 모두 다루는 '인지 행동 치료'는 다각적인 접근 방식으로 작용함에 따라 많은 경우에 효과적인 것으로 입증되었다.

① 다각적인 접근 방식으로
② 광범위한 기간에 걸쳐
③ 약물을 사용하지 않고
④ 심각한 문제가 발생하기 전에

어휘

addiction 중독 **phenomenon** 현상 **defy** ~할 수 없게 하다, 거부하다
definitive 결정적인 **pinpoint** (~의 위치를) 정확하게 집어내다
substance 물질, 본질 **behavioral** 행동의 **cognitive** 인지의
treatment 치료, 처리 **approach** 접근하다; 접근법 **compulsive** 충동적인
engagement 관여 **craving** 갈망 **manifest** 나타내다 **tolerance** 내성
distort 왜곡하다 **accompany** 수반하다 **rationalize** 합리화하다
encompass 포함하다, 에워싸다 **intervention** 개입
address 다루다, 해결하다 **impulse** 충동 **multifaceted** 다각적인, 다면의

제2회 실전모의고사

❯ 실전모의고사 분석 & 셀프 체크

제2회 난이도	중	제2회 합격선	16 / 20문제	권장 풀이시간	27분
체감 난이도		맞힌 개수	/ 20문제	실제 풀이시간	/ 27분

* 시험지 첫 페이지 상단의 QR 코드 스캔을 통해 좀 더 자세한 성적 분석 서비스 사용이 가능합니다.

❯ 정답

01	02	03	04	05	06	07	08	09	10
①	①	②	④	①	④	②	③	③	④

11	12	13	14	15	16	17	18	19	20
③	④	②	④	④	④	④	②	①	③

❯ 취약영역 분석표

영역	어휘	생활영어	문법	독해	TOTAL
맞힌 답의 개수	/ 5	/ 3	/ 3	/ 9	/ 20

---

01 어휘 grave = serious 난이도 중 ●●○

밑줄 친 부분의 의미와 가장 가까운 것을 고르시오.

> We received some grave news about sales in the team
> meeting this morning.
> (심각한)

① serious 심각한 ② unexpected 예기치 않은
③ outdated 구식의 ④ amazing 놀라운

해석

우리는 오늘 아침 팀 회의에서 매출에 관한 심각한 소식을 들었다.

어휘

sales 매출, 영업

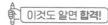 이것도 알면 합격!

grave(심각한)의 유의어
= significant, profound, important

---

02 어휘 inclination = tendency 난이도 하 ●○○

밑줄 친 부분의 의미와 가장 가까운 것을 고르시오.

> A propensity is a natural inclination toward a certain
> (성향)
> action or behavior. For instance, it is common for people to
> have a propensity for being lazy.

① tendency 경향 ② respect 존중
③ generosity 관대함 ④ distaste 혐오

해석

기질은 특정한 행동이나 태도에 대한 타고난 성향을 말한다. 예를 들어, 사람들이 게으른 기질을 가지는 것은 흔하다.

어휘

propensity 기질, 성향

 이것도 알면 합격!

inclination(성향)의 유의어
= aptitude, temperament, taste

---

03 어휘 move back = defer 난이도 중 ●●○

밑줄 친 부분의 의미와 가장 가까운 것을 고르시오.

> The deadline for the English assignment has been moved back by the teacher.
> 미뤄졌다

① confirmed 확인되다   ② deferred 미뤄지다
③ rejected 거절되다   ④ prepared 준비되다

해석

그 영어 과제의 마감 기한은 선생님에 의해 미뤄졌다.

어휘

deadline 마감 기한   assignment 과제

이것도 알면 합격!

move back(미루다)과 유사한 의미의 표현
= delay, put off, postpone, put back

04 어휘 put up with = tolerate 난이도 하 ●○○

밑줄 친 부분의 의미와 가장 가까운 것을 고르시오.

> Political disagreements are put up with by citizens, who
> 참아지다
> must wait until they're settled before changes can be made.

① noticed 알아차려지다   ② questioned 이의가 제기되다
③ remembered 기억되다   ④ tolerated 참아지다

해석

정치적 이견은 국민들에 의해 참아지고 있는데, 그들은 변화가 일어날 수 있기 전에 그것들이 해결되기를 기다려야 한다.

어휘

political 정치의   disagreement 이견, 불화   citizen 국민, 시민
settle 해결하다

이것도 알면 합격!

put up with(참다)과 유사한 의미의 표현
= endure, be patient with, bear with

05 어휘 resilience 난이도 상 ●●●

밑줄 친 부분에 들어갈 말로 가장 적절한 것은?

> Elected leaders need to persevere and demonstrate _____ in the face of adversity.

① resilience 회복력   ② liberty 자유
③ dependence 의존   ④ curiosity 호기심

해석

선출된 지도자들은 역경을 직면할 때 인내하고 회복력을 보여야 한다.

어휘

elect 선출하다   persevere 인내하다, 이겨내다
demonstrate 보이다, 겉으로 나타내다   adversity 역경

이것도 알면 합격!

resilience(회복력)의 유의어
= flexibility, elasticity, adjustability

06 문법 명사절 난이도 중 ●●○

밑줄 친 부분 중 어법상 옳지 않은 것은?

> In sports, the mementos ① connected to iconic moments are usually items ② for which many sports fans hold great esteem, as they are ③ satisfying to own due to the memories they evoke, and this historical appeal is ④ that
> → what
> fans find hard to resist.

해설

④ what vs. that 목적어가 없는 불완전한 절(fans ~ resist)을 이끌며 be동사(is)의 보어 자리에 올 수 있는 것은 명사절 접속사 what이므로, 완전한 절을 이끄는 명사절 접속사 that을 불완전한 절을 이끄는 명사절 접속사 what으로 고쳐야 한다.

[오답 분석]
① 현재분사 vs. 과거분사 수식받는 명사(the mementos)와 분사가 '기념품이 상징적인 순간들과 연관되다'라는 의미의 수동 관계이므로, 과거분사 connected가 올바르게 쓰였다.
② 전치사 + 관계대명사 관계사 뒤에 완전한 절(many ~ esteem)이 왔으므로 '전치사 + 관계대명사' 형태가 올 수 있다. '전치사 + 관계대명사'에서 전치사는 선행사 또는 관계절의 동사에 따라 결정되는데, 문맥상 '많은 스포츠 팬들이 물품에 관해 높은 평가를 한다'라는 의미가 되어야 자연스러우므로 전치사 for(~에 관해)이 관계대명사 which 앞에 온 for which가 올바르게 쓰였다.
③ 현재분사 vs. 과거분사 감정을 나타내는 분사(satisfying)가 보충 설명하는 대상이 감정을 일으키는 주체인 경우 현재분사를 쓰고, 감정을 느끼는 대상인 경우 과거분사를 쓰는데, they(mementos)가 '기념품은 소유하기에 만족스럽다'라는 의미로 감정을 일으키는 주체이므로 현재분사 satisfying이 올바르게 쓰였다.

해석

스포츠에서 상징적인 순간들과 연관된 기념품은 그것들이 불러일으키는 기억들로 인해 소유하기에 만족스럽고, 이러한 역사적인 매력은 팬들이 거부하기 어려운 것이기 때문에 대개 많은 스포츠 팬들에게 높은 평가를 받는 물품이다.

어휘

memento 기념품, 추억이 되는 물건   esteem 높은 평가, 존경

이것도 알면 합격!

명사절 접속사 자리에 대명사는 올 수 없다는 것을 알아두자.

ex We heard ~~them~~ (→ that) the movie starts at 7 p.m.
우리는 그 영화가 오후 7시에 시작한다고 들었다.

---

07   문법 형용사와 부사   난이도 중 ●●○

밑줄 친 부분이 어법상 옳지 않은 것은?

① The missing treasure was sought after by explorers.

② Sam saw the asleep baby in the bed.
→ the baby asleep / the sleeping baby

③ My family does not take vacations as frequently as it used to.

④ He must have arrived at the station by now and will probably call soon.

해설

② 형용사 자리 형용사는 명사나 대명사를 수식하는 자리에 오거나 보어 자리에 오는데, asleep(자고 있는)은 보어 자리에만 쓰이며 명사를 앞에서 수식할 수 없으므로, the asleep baby를 the baby asleep 또는 '자고 있는'이라는 의미의 형용사 sleeping을 써서 the sleeping baby로 고쳐야 한다.

[오답 분석]
① 동사구의 수동태 동사구(seek after)가 수동태가 되어 목적어(The missing treasure)가 주어가 된 경우, 동사구의 전치사 after는 수동태 동사 뒤에 그대로 남으므로 was sought after가 올바르게 쓰였다.

③ 원급 | 조동사 관련 표현 '예전만큼 휴가를 자주 가지 않는다'에서 '예전만큼 자주'는 '~만큼 -하게'를 나타내는 'as + 부사의 원급 + as'로 나타낼 수 있으므로 as frequently as가 올바르게 쓰였다. 또한, '예전(에 갔던 것)만큼'은 조동사 관련 표현 used to(~하곤 했다)를 써서 나타낼 수 있으므로 it used to가 올바르게 쓰였다.

④ 조동사 관련 표현 문맥상 '역에 도착했을 것임에 틀림없다'라는 의미가 되어야 자연스러운데, '~했음에 틀림없다'는 조동사 관련 표현 must have p.p.를 사용하여 나타낼 수 있으므로, must have arrived가 올바르게 쓰였다.

해석

① 잃어버린 보물은 탐험가들에 의해 찾아졌다.
② Sam은 침대에서 자고 있는 아기를 보았다.
③ 우리 가족은 예전만큼 휴가를 자주 가지 않는다.
④ 그는 지금쯤 역에 도착했을 것임에 틀림없고 아마 곧 전화할 것이다.

어휘

frequently 자주   station (기차)역, (버스) 정거장   probably 아마

이것도 알면 합격!

'as + many/much/few/little + 명사 + as'는 '~만큼 많은/적은 -'을 나타낸다는 것을 알아두자.

ex He has as many books as the library.
그는 도서관만큼 많은 책을 가지고 있다.

ex She has as much money as her brother.
그녀는 그녀의 오빠만큼 많은 돈을 가지고 있다.

---

08   문법 분사   난이도 하 ●○○

우리말을 영어로 잘못 옮긴 것은?

① 그녀는 작품을 제출하기 전에 신중하게 교정했다.
→ She proofread her work carefully before submitting it.

② 관리인은 폭풍우 이후에 건물의 창문 일부가 부서진 것을 발견했다.
→ The janitor found some of the building's windows broken after the storm.

③ 그 작가의 마지막 두 편의 역사 소설은 읽기에 흥미로웠다.
→ The author's last two historical novels were interested to read.
→ interesting

④ 런던에서 열리는 미술 전시회 전에, 우리는 스트랫퍼드에서 열린 것에 참석했다.
→ Prior to the art exhibit in London, we attended one in Stratford.

해설

③ 현재분사 vs. 과거분사 감정을 나타내는 분사(interested)가 보충 설명하는 대상이 감정을 일으키는 주체인 경우 현재분사를 쓰고, 감정을 느끼는 대상인 경우 과거분사를 쓰는데, The author's last two historical novels가 '그 작가의 마지막 두 편의 역사 소설이 흥미롭다'는 의미로 감정을 일으키는 주체이므로 과거분사 interested를 현재분사 interesting으로 고쳐야 한다.

[오답 분석]
① 분사구문의 형태 '작품을 제출하기 전에'라는 의미를 만들기 위해 시간을 나타내는 부사절 역할을 하는 분사구문 before submitting it이 올바르게 쓰였다. 참고로, 분사구문의 의미를 분명하게 하기 위해 부사절 접속사 before이 분사구문 앞에 쓰였다.

② 5형식 동사 5형식 동사 find(found)는 목적어와 목적격 보어가 수동 관계일 때 과거분사를 목적격 보어로 취하는 5형식 동사인데, 목적어 some of the building's windows와 목적격 보어가 '건물의 창문 일부가 부서졌다'라는 의미의 수동 관계이므로 과거분사 broken이 올바르게 쓰였다.

④ **전치사 2: 시점 | 부정대명사 one** '미술 전시회 전에'는 시점을 나타내는 전치사 prior to(~ 전에)를 사용하여 나타낼 수 있으므로 Prior to the art exhibit ~이 올바르게 쓰였다. 또한 대명사가 지칭하는 명사(the art exhibit)가 단수이므로 단수 부정대명사 one이 올바르게 쓰였다.

어휘

proofread 교정하다, 교정을 보다   **submit** 제출하다   **janitor** 관리인, 수위

이것도 알면 합격!

one(ones)은 정해지지 않은 가산 명사를 대신하고, 앞에는 반드시 one(ones)이 대신하는 명사가 있어야 한다는 것을 알아두자.

(ex) The green <u>toy car</u> is mine, and the red **one** is yours.
초록색 장난감 자동차는 내 것이고, 빨간색은 너의 것이다.

(ex) You can find different <u>marbles</u> in the bag, and the shiny **ones** are rare.
너는 가방 안에서 서로 다른 구슬을 발견할 수 있는데, 빛나는 것들이 희귀하다.

---

09 생활영어 Sorry. But I used it all last weekend. 난이도 하 ●○○

밑줄 친 부분에 들어갈 말로 가장 적절한 것을 고르시오.

A: Have you seen the flour? I want to bake a cake.
B: _____
A: Oh. Well, I wish you had bought some more.
B: I ordered a new bag from an online shop.
A: When is it supposed to arrive?
B: It should be here by tomorrow.

① No. Did you check the storage room?
② You know I don't cook often.
③ Sorry. But I used it all last weekend.
④ Weren't you going to bake some cookies?

해설

빈칸 앞에서 A가 B에게 밀가루를 봤냐고 질문한 후 빈칸 뒤에서 다시 A가 그럼 좀 더 샀으면 좋았을 거라고 말하고 있으므로, 빈칸에는 '③ 죄송해요. 제가 지난 주말에 다 썼어요(Sorry. But I used it all last weekend)'가 들어가야 자연스럽다.

해석

A: 밀가루 보셨나요? 케이크를 굽고 싶어서요.
B: 죄송해요. 제가 지난 주말에 다 썼어요.
A: 아. 그럼 좀 더 사셨으면 좋았을 텐데요.
B: 온라인에서 한 봉지를 새로 주문했어요.
A: 언제 도착할 예정이에요?
B: 내일까지는 도착할 거예요.

---

① 아니요. 창고를 확인해 보셨나요?
② 제가 요리를 자주 하지 않는 걸 아시잖아요.
③ 죄송해요. 제가 지난 주말에 다 썼어요.
④ 쿠키를 구우려는 거 아니었어요?

어휘

flour 밀가루   **storage room** 창고, 저장고

이것도 알면 합격!

제빵과 관련된 표현을 알아두자.
• **dough** 밀가루 반죽
• **batter** (튀김·팬케이크용) 반죽
• **rolling pin** (밀가루 반죽을 미는 데 쓰는) 밀방망이
• **whisk** (요리용) 거품기
• **confectioners' sugar** 정제 설탕

---

10 생활영어 Please do. I would love to see what I missed. 난이도 하 ●○○

밑줄 친 부분에 들어갈 말로 가장 적절한 것을 고르시오.

A: I didn't see you at the office workshop yesterday.
B: I was at a client meeting. I heard the workshop was informative though.
A: It was. The speaker gave us useful strategies for managing time better.
B: Oh, I wish I had been there.
A: I can lend you the handouts from the session.
B: _____

① You're right. My meeting should have been postponed.
② I see. You can attend the next workshop then.
③ I'm not sure. The speaker doesn't know me well.
④ Please do. I would love to see what I missed.

해설

직무 워크숍에서 못 봤다고 묻는 A의 말에 B가 고객 미팅 중이었다고 말하고, 빈칸 앞에서 A가 강의에서 받은 유인물을 빌려줄 수 있다고 말하고 있으므로, 빈칸에는 '④ 그렇게 해주세요. 제가 놓친 것을 보고 싶어요(Please do. I would love to see what I missed)'가 들어가야 자연스럽다.

해석

A: 어제 직무 워크숍에서 당신을 못 봤어요.
B: 저는 고객 미팅 중이었어요. 그래도 워크숍이 유익했다고 들었어요.
A: 그랬어요. 강연자가 시간을 더 잘 관리할 수 있는 유용한 전략을 가르쳐줬어요.
B: 아, 제가 그곳에 있었다면 좋았을 텐데요.
A: 제가 강의에서 받은 유인물을 빌려드릴 수 있어요.
B: 그렇게 해주세요. 제가 놓친 것을 보고 싶어요.

① 맞아요. 제 미팅이 연기됐어야 했어요.

② 그렇군요. 그러면 다음 워크숍에 참석하시면 돼요.

③ 확실하지 않아요. 강연자는 저를 잘 몰라요.

④ 그렇게 해주세요. 제가 놓친 것을 보고 싶어요.

어휘

informative 유익한 **handout** 유인물 **session** 강의, 세션

이것도 알면 합격!

회의와 관련된 표현을 알아두자.
- **agenda** 의제, 안건
- **Q&A session** 질의응답 시간
- **follow-up** 후속 조치
- **remote meeting** 원격 회의
- **in-person meeting** 대면 회의
- **action plan** 상세한 사업 계획
- **consensus** 의견 일치, 합의

---

11 생활영어 My schedule is totally booked today.
난이도 하 ●○○

두 사람의 대화 중 자연스럽지 않은 것은?

① A: Have you decided what movie to watch tonight?

　 B: I'm still not sure. I'm torn between a comedy and a thriller.

② A: Where did you find the people in your book club?

　 B: I joined an online forum for people who like to read.

③ A: Excuse me, can I ask you a favor? I lost my watch. Could you tell me the time?

　 B: My schedule is totally booked today.

④ A: I can't believe you know Leslie. What a small world. Do you two work together?

　 B: We're actually from the same hometown.

해설

③번에서 A는 B에게 시계를 잃어버렸다며 시간을 알려줄 수 있는지 묻고 있으므로, 오늘은 일정이 꽉 찼다는 B의 대답 '③ My schedule is totally booked today(오늘은 제 일정이 꽉 찼어요)'는 어울리지 않는다.

해석

① A: 오늘 밤에 어떤 영화를 볼지 정하셨나요?

　 B: 저는 아직 잘 모르겠어요. 코미디와 스릴러 사이에서 고민 중이에요.

② A: 독서 모임에 있는 사람들을 어디에서 찾으셨나요?

　 B: 저는 독서를 좋아하는 사람들을 위한 온라인 토론회에 참가했어요.

③ A: 실례합니다. 부탁 하나 드려도 될까요? 제가 시계를 잃어버려서요. 시간을 알려주실 수 있나요?

　 B: 오늘은 제 일정이 꽉 찼어요.

④ A: 당신이 Leslie를 아신다니 믿을 수가 없어요. 세상이 좁네요. 두 분이 같이 일하시나요?

　 B: 사실 저희는 고향이 같아요.

어휘

be torn between A and B A와 B 사이에서 고민하다 **forum** 토론회, 포럼 **book** 예약하다 **hometown** 고향

이것도 알면 합격!

③번 보기의 'Can I ask you a favor?(부탁 하나 드려도 될까요?)'와 동일한 의미의 표현을 알아두자.
- Could you do me a favor?
- Would it be possible for you to help me out?
- Is there any chance you could lend a hand?
- Would you mind doing me a favor?
- Would you be willing to do me a favor?
- Can you spare a moment for a favor?
- Do you have a minute to assist me?

---

12 독해 제목 파악
난이도 중 ●●○

다음 글의 제목으로 가장 적절한 것은?

The Paradox of Choice, a book by psychologist Barry Schwartz, examines the factors that influence consumers' shopping decisions. Using personal interviews and experiments as evidence, Schwartz reveals how providing too many options for a product can counterintuitively hurt a retailer's profit margin. For example, one study mentioned in the book describes two jam sales at a supermarket. The first sale offered 24 types of jam. If shoppers took a free sample, they were then given a coupon for a discount on the jam. The second sale employed the same promotion but only offered six types of jam. Although the sale involving 24 jams attracted more shoppers, it resulted in fewer sales and thus less revenue than the sale involving only six jams.

① Retailer Psychology

② Demand for Discounts

③ Successful Advertising Promotions

④ Downside of Abundant Choices

해설

지문 처음에서 『선택의 역설』의 저자인 Schwartz는 제품에 대한 너무 많은 선택지를 제공하는 것이 소매업자의 이윤 폭을 어떻게 반직관적으로 해칠 수 있는지를 밝힌다고 언급하고 있고, 지문 전반에 걸쳐 책에서 언급된 연구인 잼 판매를 예로 들며 24개의 잼을 포함한 판매가 단지 6개의 잼만을 포함하는 판매보다 더 적은 판매량과 더 적은 수익을 초래했다고 설명하고 있으므로 '④ 풍부한 선택지의 불리한 면'이 이 글의 제목이다.

해석

심리학자 Barry Schwartz의 책인 『선택의 역설』은 소비자들의 쇼핑 결정에 영향을 미치는 요인들을 조사한다. 개인 인터뷰와 실험들을 증거로 사용하면서, Schwartz는 제품에 대한 너무 많은 선택지를 제공하는 것이 소매업자의 이윤 폭을 어떻게 반직관적으로 해칠 수 있는지를 밝힌다. 예를 들어,

책에 언급된 한 연구는 슈퍼마켓에서의 두 개의 잼 판매에 대해 설명한다. 첫 번째 판매는 24가지 종류의 잼을 제공했다. 쇼핑객이 무료 샘플을 가져가면, 그들은 잼 할인 쿠폰을 받았다. 두 번째 판매는 동일한 프로모션을 적용했지만 6가지 종류의 잼만을 제공했다. 비록 24개의 잼을 포함한 판매가 더 많은 쇼핑객들을 끌어들였지만, 단지 6개의 잼만을 포함하는 판매보다 더 적은 판매량과 더 적은 수익을 초래했다.

① 소매업자 심리학
② 할인에 대한 수요
③ 성공적인 광고 프로모션
④ 풍부한 선택지의 불리한 면

어휘

paradox 역설 examine 조사하다 evidence 증거 reveal 밝히다
counterintuitively 반직관적으로 retailer 소매업자
profit margin 이윤 폭, 이익률 employ 적용하다, 이용하다
promotion 프로모션, 판매 촉진 revenue 수익, 수입
downside 불리한 면, 단점 abundant 풍부한

구문분석

[4행] (생략) Schwartz reveals / how providing too many options for a product / can counterintuitively hurt / a retailer's profit margin.
: 이처럼 의문문이 다른 문장 안에 포함된 간접 의문문이 쓰였을 경우, 주어와 동사가 무엇인지 빠르게 파악한 다음 '의문사 + 주어 + 동사'의 순서대로 해석한다.

13　독해 주제 파악　난이도 중 ●●○

다음 글의 주제로 가장 적절한 것은?

Professional athletes, musicians, CEOs, and other high achievers share a common trait beyond their innate talents: mental toughness. It's the ability to stay strong when confronted with difficulties. Mental toughness comprises four essential components known as the four C's. Control represents the feeling that you are in charge of your life, making positive change possible. Commitment is the unwavering dedication to achieving goals, persistently working towards success no matter the circumstances. Challenge refers to the drive to embrace and adapt to setbacks, viewing momentary challenges as opportunities for future growth. Confidence is, of course, the belief in one's abilities, empowering people to perform at their best. In practice, these four elements combine to form the basis of mental toughness, enabling individuals to overcome hardship and excel in their respective fields.

① natural talents of highly successful people
② aspects that are fundamental to mental strength
③ opportunities to turn a challenge into growth
④ fields that require more mental toughness

해설

지문 처음에서 높은 성취자들은 어려움에 직면했을 때 강인함을 유지하는 능력인 정신적 강인함을 공유한다고 언급한 후, 지문 전반에 걸쳐 정신적 강인함의 네 가지 필수적인 구성 요소에 대해 설명하고 있으므로, '② 정신적 강인함의 핵심적인 측면'이 이 글의 주제이다.

해석

프로 운동선수, 음악가, CEO, 그리고 다른 높은 성취자들은 그들의 타고난 재능 이상의 공통적인 특성인 정신적 강인함을 공유한다. 그것은 어려움에 직면했을 때 강인함을 유지하는 능력이다. 정신적 강인함은 4C로 알려진 네 가지의 필수적인 구성 요소를 포함한다. '통제'는 당신이 자신의 삶을 책임지고 있다는 느낌을 나타내며, 긍정적인 변화를 가능하게 만든다. '헌신'은 목표 달성에 대한 변함없는 전념이며, 어떤 상황에서도 성공을 향해 끈질기게 노력하는 것이다. '도전'은 좌절을 받아들이고 적응하려는 동인을 나타내며, 순간적인 도전들을 미래 성장의 기회로 본다. '자신감'은 물론 개인의 능력에 대한 믿음이며, 사람들이 최선을 다해 수행할 수 있도록 한다. 실제로는, 이 네 가지 요소들이 정신적 강인함의 기초를 형성하기 위해 결합하며, 개인들이 어려움을 극복하고 각자의 분야에서 뛰어날 수 있도록 한다.

① 매우 성공한 사람들의 천부적인 재능
② 정신적 강인함의 핵심적인 측면
③ 도전을 성장으로 바꿀 수 있는 기회
④ 정신적 강인함이 더 요구되는 분야

어휘

trait 특성 innate 타고난, 선천적인 toughness 강인함 confront 직면하다
commitment 헌신 unwavering 변함없는, 확고한 persistently 끈질기게
drive 동인, 추진력 setback 좌절, 실패 momentary 순간의
empower ~할 수 있게 하다 excel 뛰어나다 respective 각자의, 각각의

14 독해 요지 파악 난이도 중 ●●○

다음 글의 요지로 가장 적절한 것은?

Research from Svante Pääbo, the Nobel Prize winner who decoded the Neanderthal genome, enabled molecular biologists to discover that traces of Neanderthal DNA persist in modern humans, comprising roughly 1 to 6 percent of our genetic makeup. In the distant past, this Neanderthal genetic material boosted the health of early Homo sapiens. However, research shows that the advantages of Neanderthal DNA that our ancestors once enjoyed are now problematic for humans. For example, a gene inherited from Neanderthals that increases blood clotting was beneficial in the past, but it is now a cause of increased susceptibility to strokes. Neanderthal DNA has also been linked to autoimmune disorders such as Graves' disease and rheumatoid arthritis.

① The bulk of human DNA comes from Neanderthal ancestors.

② Neanderthal genes affect contemporary medical conditions.

③ The human immune system has remained the same through the ages.

④ Neanderthals did not suffer from certain autoimmune diseases.

해설

지문 중간에서 우리 조상들이 한때 누렸던 네안데르탈인 DNA의 이점이 이제는 인간에게 문제가 되고 있다고 언급하고, 지문 마지막에서 네안데르탈인으로부터 물려받은 유전자는 이제 뇌졸중에 대한 증가된 민감성의 원인이고 자가 면역 질환과도 연관되어 왔다고 설명하고 있으므로, '② 네안데르탈인 유전자는 현대의 질병에 영향을 미친다'가 이 글의 요지이다.

해석

네안데르탈인 게놈을 해독한 노벨상 수상자 Svante Pääbo의 연구는 분자생물학자들이 현대의 인간에게 네안데르탈인 DNA의 흔적이 지속되고 있으며, 이는 우리 유전자 구성의 약 1에서 6퍼센트를 차지한다는 것을 발견할 수 있게 해주었다. 먼 과거에, 이 네안데르탈인의 유전 물질은 초기 호모 사피엔스의 건강을 강화했다. 하지만, 연구는 우리 조상들이 한때 누렸던 네안데르탈인 DNA의 이점이 이제는 인간에게 문제가 되고 있다는 것을 보여준다. 예를 들어, 네안데르탈인으로부터 물려받은 혈액 응고를 증가시키는 유전자는 과거에는 유익했지만, 이제 뇌졸중에 대한 증가된 민감성의 원인이다. 네안데르탈인 DNA는 그레이브스병이나 류머티즘성 관절염과 같은 자가 면역 질환과도 연관되어 왔다.

① 인간 DNA의 대부분은 네안데르탈인 조상들로부터 유래했다.

② 네안데르탈인 유전자는 현대의 질병에 영향을 미친다.

③ 인간의 면역 체계는 대대로 동일하게 유지되어 왔다.

④ 네안데르탈인은 특정한 자가 면역 질환을 앓지 않았다.

어휘

decode 해독하다 **genome** 게놈(생물의 생활 기능을 유지하기 위한 최소한의 유전자군을 함유하는 염색체의 한 세트) **molecular biologist** 분자생물학자 **comprise** 차지하다, 구성되다 **genetic** 유전적인 **makeup** 구성 **blood clotting** 혈액 응고 **susceptibility** 민감성, (병 등에) 걸리기 쉬움 **stroke** 뇌졸중 **autoimmune disorder** 자가 면역 질환

Graves' disease 그레이브스병(갑상선 기능 항진에 의해 발현하는 질환) **rheumatoid arthritis** 류머티즘성 관절염 **contemporary** 현대의, 동시대의

15 독해 내용 불일치 파악 난이도 중 ●●○

다음 글의 내용과 일치하지 않는 것은?

①Around 90 percent of cranberries are gathered through a unique process known as wet harvesting. Each autumn, farmers flood cranberry fields with 18 inches of water pumped in from nearby streams or rivers. Then, the farmers use a tool called a water reel. ②It is shaped like a big wheel, and as it spins, it shakes and loosens cranberries from their vines. Once ③detached from the plants, the cranberries, which have an internal air pocket, rise to the surface. The floating berries are moved with thick ropes toward a machine that vacuums the fruit into a truck. Wet-harvested berries are used in juices, sauces, and dried fruit snacks or are processed into supplements and other nutraceutical products.

① 크랜베리의 대부분은 습식 수확이라는 방식으로 수확된다.

② 크랜베리를 수확하기 위해 큰 바퀴 모양의 도구가 나무를 흔든다.

③ 나무에서 분리된 크랜베리의 내부에는 공기주머니가 있다.

④ 습식 수확된 크랜베리는 가공 식품으로는 만들어지지 않는다.

해설

지문 마지막에서 습식 수확된 크랜베리는 주스, 소스, 말린 과일 간식에 사용되거나, 보충제와 다른 기능 식품으로 가공된다고 설명하고 있으므로 '④ 습식 수확된 크랜베리는 가공 식품으로는 만들어지지 않는다'는 것은 지문의 내용과 일치하지 않는다.

해석

크랜베리의 약 90퍼센트는 습식 수확이라고 알려진 독특한 과정을 통해 수확된다. 매년 가을, 농부들은 근처의 개울이나 강으로부터 18인치의 물을 퍼 올려 크랜베리 밭을 범람시킨다. 그러고 나서, 농부들은 '워터 릴'이라고 불리는 도구를 사용한다. 그것은 큰 바퀴 모양이며, 그것이 회전하면서 크랜베리를 흔들고 덩굴로부터 흩어놓는다. 일단 나무에서 분리되면, 내부에 공기주머니가 있는 크랜베리는 수면으로 떠 오른다. 떠다니는 크랜베리는 두꺼운 밧줄을 이용해 과일을 트럭으로 빨아들이는 기계 쪽으로 옮겨진다. 습식 수확된 크랜베리는 주스, 소스, 말린 과일 간식에 사용되거나 보충제와 다른 기능 식품으로 가공된다.

어휘

harvest 수확하다 **flood** 범람시키다 **stream** 개울, 하천 **loosen** 흩어놓다 **vine** 덩굴 **detach** 분리하다, 떼다 **internal** 내부의 **supplement** 보충제 **nutraceutical** 기능 식품의

16 독해 무관한 문장 삭제   난이도 중 ●●○

다음 글의 흐름상 어색한 문장은?

I listened to a radio interview with an author who had written dozens of books. The radio host asked the author how she had accomplished this, considering that writing a book can take a very long time. ① She said that she had learned the power of doing things step by step at a young age. ② "I once had to write a report on birds," she said, "but because I did not have a clear plan, I wasn't able to finish it on time." ③ It is a topic that a large number of scholars have studied. ④ The author continued, "Many writers make the same mistake. They approach their work in a disorganized manner, so they take a long time to finish writing a book." She argues that authors should instead identify the steps they need to take and then go through them in the correct order.

해설

지문 처음에서 라디오 진행자가 작가에게 책을 쓰는 것이 매우 오랜 시간이 걸릴 수 있는데 수십 권의 책을 어떻게 썼는지 질문했다고 했고, ①, ②, ④번에서 작가가 어린 나이에 일을 차근차근 진행하는 것의 힘을 배운 사례에 대해 설명하고 있다. 하지만 ③번은 그것이 많은 학자들이 연구해 온 주제라는 내용으로, 작가가 어떻게 일을 차근차근 진행하며 많은 책을 썼는지 설명하는 지문 전반의 내용과 관련이 없다.

해석

나는 수십 권의 책을 쓴 작가의 라디오 인터뷰를 들었다. 라디오 진행자는 작가에게 책을 쓰는 것이 매우 오랜 시간이 걸릴 수 있다는 것을 고려했을 때, 어떻게 이것을 해냈는지 질문했다. ① 그녀는 어린 나이에 일을 차근차근 해내는 것의 힘을 배웠다고 말했다. ② "저는 언젠가 새들에 대한 보고서를 써야 했어요. 하지만 분명한 계획이 없었기 때문에 저는 그것을 제시간에 끝낼 수 없었어요."라고 그녀는 말했다. ③ 그것은 많은 학자들이 연구해 온 주제이다. ④ 작가는 "많은 작가들이 같은 실수를 합니다. 그들은 자신의 작업에 체계적이지 않은 방식으로 접근하기 때문에 책을 다 쓰는 데 오랜 시간이 걸립니다."라고 계속했다. 그녀는 대신에 작가들은 그들이 수행해야 할 단계를 확인한 후 올바른 순서로 진행해야 한다고 주장한다.

어휘

dozen 십여 개   scholar 학자   continue 계속하다   approach 접근하다
disorganized 체계적이지 않은, 무질서한   manner 방식, 태도
identify 확인하다

17 독해 문단 순서 배열   난이도 중 ●●○

주어진 글 다음에 이어질 글의 순서로 가장 적절한 것은?

For decades, the idea of genetic engineering and editing remained deeply in the realm of science fiction.

(A) This new technology can be used to cure diseases and correct errors in DNA, making genetic alteration a welcome development instead of a nightmare scenario.
(B) Recently, though, technological advances have made genetic modifications a reality. In fact, the CRISPR-Cas9 gene-editing system now allows specific genes to be activated, turned off, or functionally changed.
(C) For example, novels like Brave New World and Oryx and Crake present these practices as part of dystopian futures in which they lead to abuses and widespread societal problems.

① (A) – (B) – (C)   ② (A) – (C) – (B)
③ (B) – (C) – (A)   ④ (C) – (B) – (A)

해설

주어진 글에서 수십 년 동안 유전 공학과 편집에 대한 생각은 공상 과학 소설의 영역에 깊이 남아 있었다고 한 뒤, (C)에서 「멋진 신세계」와 「인간 종말 리포트」와 같은 소설들이 이러한 관행(these practices)을 음울한 미래의 일부로 제시한다고 설명하고 있다. 뒤이어 (B)에서 하지만(though), 최근에 기술적인 발전은 유전자 변형을 현실로 만들었다고 한 뒤, 이어서 (A)에서 이 새로운 기술(This new technology)은 질병을 치료하고 DNA의 오류를 수정하는 데 사용될 수 있다고 언급하고 있다. 따라서 ④번이 정답이다.

해석

수십 년 동안, 유전 공학과 편집에 대한 생각은 공상 과학 소설의 영역에 깊이 남아 있었다.

(C) 예를 들어, 「멋진 신세계」와 「인간 종말 리포트」와 같은 소설들은 이러한 관행을 남용과 광범위한 사회적 문제로 이어지는 음울한 미래의 일부로 제시한다.
(B) 하지만, 최근에 기술적인 발전은 유전자 변형을 현실로 만들었다. 실제로, CRISPR-Cas9 유전자 편집 시스템은 이제 특정한 유전자가 활성화되거나, 꺼지거나, 기능적으로 변경되는 것을 가능하게 한다.
(A) 이 새로운 기술은 질병을 치료하고 DNA의 오류를 수정하는 데 사용될 수 있으며, 유전자 변형을 악몽 같은 시나리오 대신 반가운 발전으로 만들 수 있다.

어휘

genetic engineering 유전 공학   realm 영역
science fiction 공상 과학 소설   cure 치료하다   alteration 변형, 변경
nightmare 악몽 같은   modification 변형, 수정   gene-editing 유전자 편집
activate 활성화하다   functionally 기능적으로   present 제시하다
dystopian 음울한, 반이상향의   abuse 남용, 악용
widespread 광범위한, 널리 퍼진   societal 사회의

18 독해 문장 삽입 난이도 상 ●●●

주어진 문장이 들어갈 위치로 가장 적절한 것은?

> To do this, you should create a professional portfolio with examples of your qualifications and accomplishments.

> A management position has opened up in your company. You're well-qualified for it and would like to be considered for promotion. But how do you go about getting the job? (①) Your first course of action should be to request a meeting and then prepare yourself to prove your worth by showing your skills, knowledge, and natural competencies. (②) By providing evidence of your credentials and past performance, you will be ready to have a discussion about your career goals and how they align with the company's need to fill the open position. (③) During the meeting, listen attentively and ask questions about the expectations of the ideal candidate. (④) Point out what qualifies you to meet these, but remember to be professional and not overly confident as you don't want to come across as arrogant.

해설

②번 앞 문장에 그 자리(회사에 열린 경영진 자리)를 얻기 위한 첫 번째 행동 방침은 회의를 요청하고 나서 기술, 지식, 그리고 타고난 능력을 보여줌으로써 가치를 증명할 준비를 하는 것이어야 한다고 설명하는 내용이 있고, ②번 뒤 문장에 업적과 과거 성과에 대한 근거를 제공함으로써 경력 목표에 대해, 그리고 그것들이 회사의 요구와 어떻게 일치하는지에 대해 논의할 준비가 될 것이라고 설명하는 내용이 있으므로, ②번에 이를 위해서(To do this) 당신의 자질과 실적의 예를 가지고 전문적인 포트폴리오를 만들어야 한다는 내용의 주어진 문장이 들어가야 지문이 자연스럽게 연결된다.

해석

당신의 회사에 경영진 자리가 열렸다. 당신은 그것에 대해 충분한 자격을 갖추고 있고, 승진 대상으로 고려되기를 원한다. 하지만 당신은 그 자리를 얻기 위해 어떻게 할 것인가? 당신의 첫 번째 행동 방침은 회의를 요청하고 나서 당신의 기술, 지식, 그리고 타고난 능력을 보여줌으로써 당신의 가치를 증명할 준비를 하는 것이어야 한다. ② 이를 위해서, 당신의 자질과 실적의 예를 가지고 전문적인 포트폴리오를 만들어야 한다. 당신의 업적과 과거 성과에 대한 근거를 제공함으로써, 당신의 경력 목표에 대해, 그리고 그것들이 열린 자리를 채우기 위한 회사의 요구와 어떻게 일치하는지에 대해 논의할 준비가 될 것이다. 회의 중에는, 주의 깊게 듣고 이상적인 후보자에게 기대하는 것들에 대해 질문을 하라. 이러한 것들을 충족할 수 있는 당신의 자격이 무엇인지 언급하지만, 거만하게 보이고 싶지는 않으므로 전문적인 태도를 취하되 지나치게 자신감을 갖지는 않아야 한다는 것을 기억하라.

어휘

qualification 자질, 자격 position 자리, 지위 course of action 행동 방침
competency 능력 evidence 근거, 증거 credential 업적, 자격
career goal 경력 목표 align 일치하다, 맞추다 attentively 주의 깊게
candidate 후보자 overly 지나치게 arrogant 거만한, 오만한

19 독해 빈칸 완성 – 단어 난이도 중 ●●○

밑줄 친 부분에 들어갈 말로 가장 적절한 것을 고르시오.

> Many people struggle with procrastination often due to the fear that they are not fully prepared for a task. These concerns cause them to do other things to avoid having to start. For example, they may delay launching a business or beginning a new artistic project until they feel completely ready for success. _____, there's no such thing as being perfectly ready. Waiting for that moment can cause missed opportunities and hinder long-term growth. If you don't start, you'll have accomplished nothing, and improvement can't happen until you take the first step. Winston Churchill's quote seems to ring true when he said that "Perfection is the enemy of progress."

① Truthfully
② Luckily
③ Reluctantly
④ Carefully

해설

빈칸 앞 문장에서 사람들은 성공을 위해 완전히 준비되었다고 느낄 때까지 사업을 시작하거나 새로운 프로젝트를 시작하는 것을 미룰지도 모른다고 했고, 빈칸이 있는 문장에서 완벽하게 준비가 되어있는 것은 없다고 했으므로 빈칸에는 '① 진실을 말하자면'이 들어가야 한다.

해석

많은 사람들은 그들이 어떤 과업에 대해 완전히 준비되지 않았다는 두려움 때문에 종종 꾸물대는 버릇으로 어려움을 겪는다. 이러한 걱정들은 그들이 시작해야 하는 것을 피하기 위해 다른 것들을 하게 한다. 예를 들어, 그들은 그들이 성공을 위해 완전히 준비되었다고 느낄 때까지 사업을 시작하거나 새로운 예술 프로젝트를 시작하는 것을 미룰지도 모른다. 진실을 말하자면, 완벽하게 준비가 되어있는 것은 없다. 그 순간을 기다리는 것은 기회를 놓치게 하고 장기적인 성장을 방해할 수 있다. 당신이 시작하지 않으면, 당신은 아무것도 성취하지 못할 것이고, 첫걸음을 내딛기 전에는 발전이 이루어질 수 없을 것이다. 윈스턴 처칠의 '완벽은 진보의 적이다'라는 발언은 사실인 것 같다.

① 진실을 말하자면
② 다행히
③ 마지못해
④ 조심스럽게

어휘

procrastination 꾸물대는 버릇, 미루기 hinder 방해하다, 저해하다
long-term 장기의, 장기간 quote 발언, 인용구 reluctantly 마지못해

구문분석

[7행] Waiting for that moment / can cause / missed opportunities / and hinder long-term growth.

: 이처럼 동명사구(Waiting for that moment)가 주어인 경우, '~하는 것은' 또는 '~하기는'이라고 해석한다.

20   독해 빈칸 완성 - 구   난이도 중 ●●○

밑줄 친 부분에 들어갈 말로 가장 적절한 것을 고르시오.

In today's digital age, children's technological literacy is crucial for their education, ability to communicate with their peers, and future careers. However, the pervasive issue of digital addiction is a concern. Many children are opting to stay indoors alone, engrossed in video games or online content, which can delay their social development and lead to unhealthy levels of inactivity. Striking a balance between technology use and real-life interactions is essential. Parents of this generation can begin by _____. Experts recommend restricting screen time before bedtime and during family gatherings and mealtimes. Appropriate times to use devices can be after homework is done or in other parent-approved situations. These guidelines highlight the importance of real-life social interaction, promote a healthier relationship with technological devices, and ensure children acquire the necessary skills to thrive in the digital era.

① learning as much about technology as possible
② utilizing traditional forms of communication
③ setting boundaries on device usage
④ evaluating their child's technical literacy

해설

빈칸 앞 문장에서 기술 사용과 실제 생활에서의 상호작용 사이의 균형을 맞추는 것이 필수적이라고 설명하고 있고, 빈칸 뒤 문장에서 전문가들이 취침 전과 가족 모임 및 식사 시간 동안 화면 시청 시간을 제한하는 것을 추천한다고 언급하고 있으므로, 빈칸에는 이 세대의 부모들은 '③ 기기 사용에 대한 경계를 설정하는 것'으로 시작할 수 있다는 내용이 들어가야 한다.

해석

오늘날의 디지털 시대에, 아이들의 기술 문해력은 그들의 교육, 또래들과 의사소통하는 능력, 그리고 미래의 직업에 결정적이다. 하지만, 디지털 중독의 만연한 문제는 걱정거리이다. 많은 아이들은 비디오 게임이나 온라인 콘텐츠에 몰두하여 혼자 실내에 머무르는 것을 선택하고 있는데, 이것은 그들의 사회적 발달을 지연시키고 건강하지 못한 수준의 무활동으로 이어질 수 있다. 기술 사용과 실제 생활에서의 상호작용 사이의 균형을 맞추는 것은 필수적이다. 이 세대의 부모들은 기기 사용에 대한 경계를 설정하는 것으로 시작할 수 있다. 전문가들은 취침 전과 가족 모임 및 식사 시간 동안 화면 시청 시간을 제한하는 것을 추천한다. 기기를 사용하는 적당한 시간은 숙제가 끝난 후 또는 다른 부모가 허용한 상황이 될 수 있다. 이러한 지침은 실제 생활에서의 사회적 상호작용의 중요성을 강조하고, 기술적 기기와의 더 건강한 관계를 증진하며, 아이들이 디지털 시대에 번영하기 위해 필요한 기술을 습득하도록 한다.

① 가능한 한 기술에 대해 많이 배우는 것
② 전통적인 형태의 의사소통을 활용하는 것
③ 기기 사용에 대한 경계를 설정하는 것
④ 아이의 기술 문해력을 평가하는 것

어휘

literacy 문해력, 읽고 쓰는 능력   peer 또래, 동료   pervasive 만연한, 퍼지는
addiction 중독   opt 선택하다   indoor 실내의   engross 몰두시키다
inactivity 무활동, 활동하지 않음   promote 증진하다, 촉진하다
ensure ~하게 하다, 보장하다   acquire 습득하다, 얻다   evaluate 평가하다

실전모의고사 분석 & 셀프 체크

제3회 난이도	중	제3회 합격선	16 / 20문제	권장 풀이시간	27분
체감 난이도		맞힌 개수	/ 20문제	실제 풀이시간	/ 27분

* 시험지 첫 페이지 QR 코드 스캔을 통해 좀 더 자세한 성적 분석 서비스 사용이 가능합니다.

정답

01	02	03	04	05	06	07	08	09	10
①	①	②	②	④	④	④	③	②	①
11	**12**	**13**	**14**	**15**	**16**	**17**	**18**	**19**	**20**
①	④	②	③	③	①	③	④	③	②

취약영역 분석표

영역	어휘	생활영어	문법	독해	TOTAL
맞힌 답의 개수	/ 5	/ 2	/ 4	/ 9	**/ 20**

---

01 어휘 impartial · 난이도 중 ●●○

밑줄 친 부분에 들어갈 말로 가장 적절한 것은?

No matter the subject, news anchors attempt to remain as _____ as possible so they do not influence viewers' judgments.

① impartial 한쪽으로 치우치지 않은   ② enthusiastic 열정적인

③ mutual 상호의   ④ subjective 주관적인

해석

주제에 상관없이, 뉴스 앵커들은 그들이 시청자들의 판단에 영향을 미치지 않기 위해 가능한 한 한쪽으로 치우치지 않은 상태로 남아있으려고 노력한다.

어휘

subject 주제   influence 영향을 미치다   judgment 판단

🔖 **이것도 알면 합격!**

impartial(한쪽으로 치우치지 않은)의 유의어
= fair, neutral, objective, unbiased

---

02 어휘 argue = assert · 난이도 하 ●○○

밑줄 친 부분의 의미와 가장 가까운 것을 고르시오.

All the available studies argue(주장하다) that constant dieting is unhealthy, leading to numerous potential health risks.

① assert 주장하다   ② acknowledge 인정하다

③ conflict 상충하다   ④ suppress 진압하다

해석

유효한 모든 연구는 지속적인 다이어트가 건강에 해로우며, 수많은 잠재적인 건강상의 위험을 초래한다고 주장한다.

어휘

available 유효한   constant 지속적인   lead to ~을 초래하다
numerous 수많은, 다수의   potential 잠재적인

🔖 **이것도 알면 합격!**

argue(주장하다)의 유의어
= demonstrate, testify, maintain

03　어휘　pass up = turn down　난이도 중 ●●○

밑줄 친 부분의 의미와 가장 가까운 것을 고르시오.

> He couldn't pass up the exciting job offer that provided a
> 거절하다
> generous salary.

① break out 발생하다　　②✓ turn down 거절하다
③ catch up with 따라잡다　④ get the better of 이기다

[해석]

그는 후한 급여를 지급하는 그 흥미로운 일자리 제의를 거절할 수 없었다.

[어휘]

job offer 일자리 제의　generous 후한, 관대한

[이것도 알면 합격!]

pass up(거절하다)의 유의어
= refuse, deny, ignore, reject

04　어휘　nimble = clever　난이도 하 ●○○

밑줄 친 부분의 의미와 가장 가까운 것을 고르시오.

> My sister had a nimble mind, which gave her the ability to
> 영리한
> rapidly solve problems in a creative way.

① joyful 즐거운　　②✓ clever 영리한
③ narrow 편협한　　④ humble 겸손한

[해석]

나의 여동생은 영리한 두뇌를 가졌는데, 이것은 그녀에게 문제를 창의적인 방식으로 빠르게 해결하는 능력을 주었다.

[어휘]

rapidly 빠르게　creative 창의적인

[이것도 알면 합격!]

nimble(영리한)의 유의어
= agile, bright, keen, brilliant

05　문법　시제　난이도 중 ●●○

어법상 옳은 것은?

① The novel discusses much complex topics that are difficult
　　　　　　　　→ many / very
for casual readers.

② The youths of today's generation will undoubtedly become
unhealthier than its parents.
　　　　　　　　→ their

③ Being late in the day, we decided to end the meeting.
　→ It being

④✓ Even before firefighters arrived, residents had exited the
building in a calm and orderly manner.

[해설]

④ 과거완료 시제　문맥상 '주민들이 건물을 빠져나간' 시점이 '소방관들이 도착'한 특정 과거 시점의 일보다 더 이전에 일어난 일이므로 과거완료 시제 had exited가 올바르게 쓰였다.

[오답 분석]

① 수량 표현 | 강조 부사 '많은 복잡한 주제들'이라는 의미를 나타내기 위해 불가산 명사를 수식하는 수량 표현 much를 복수 명사(topics)를 수식하는 수량 표현 many로 고쳐야 한다. 또는, '매우 복잡한 주제'이라는 의미를 나타내기 위해 비교급을 강조하는 부사 much를 형용사의 원급(complex)을 강조하는 부사 very로 고쳐야 한다.

② 인칭대명사　인칭대명사가 지시하는 명사(The youths)가 복수 명사이므로 단수 인칭대명사 its를 복수 인칭대명사 their로 고쳐야 한다.

③ 분사구문의 의미상 주어　주절의 주어(we)와 분사구문의 주어(It)가 달라 분사구문의 의미상 주어가 필요한 경우 명사 주어를 분사구문 앞에 써야 하므로 Being late in the day를 It being late in the day로 고쳐야 한다.

[해석]

① 그 소설은 평범한 독자들에게는 어려운 많은/매우 복잡한 주제를 논한다.
② 오늘날 세대의 청년들은 그들의 부모님보다 틀림 없이 더 건강하지 못할 것이다.
③ 오늘은 늦었기 때문에, 우리는 회의를 끝내기로 결정했다.
④ 소방관들이 도착하기도 전에, 주민들은 침착하고 질서 있는 방식으로 건물을 빠져나갔다.

[어휘]

casual 평범한　youth 청년, 어린 시절　undoubtedly 틀림 없이
orderly 질서 있는, 질서 정연하게

[이것도 알면 합격!]

비교급을 강조하기 위해서 much, even, still, far, a lot 등이 비교급 표현 앞에 올 수 있다는 것을 알아두자.

(ex) The weather is even nicer than it was last month.
날씨가 지난 달보다 훨씬 더 좋다.

06 | 어휘 keep tabs on = carefully watch 난이도 중 ●●○

밑줄 친 부분의 의미와 가장 가까운 것은?

> The bank now provides an application that allows its members to keep tabs on their personal accounts. It sends them a notification when they spend more than the limit they set for themselves and helps them budget their money effectively.

예의 주시하다

① connect with ~와 연락하다
② remind of ~을 생각나게 하다
③ quickly notify 빨리 알리다
④ carefully watch 주의 깊게 지켜보다

해석

현재 그 은행은 회원들이 그들의 개인 계좌를 예의 주시할 수 있게 하는 애플리케이션을 제공한다. 이것은 그들이 스스로 설정한 한도보다 더 많이 소비하면 그들에게 알림을 보내고, 그들이 돈을 효과적으로 규모 있게 쓰도록 도와준다.

어휘

personal 개인적인 account 계좌 notification 알림, 통지
budget one's money 규모 있게 돈을 쓰다

이것도 알면 합격!

keep tabs on(예의 주시하다)과 유사한 의미의 표현
= keep an eye on, watch out for, look after

07 | 문법 관계절 난이도 중 ●●○

밑줄 친 부분 중 어법상 옳지 않은 것은?

> Wind energy has provided us ① a means of reducing our environmental impact while maintaining modern conveniences. Although this technology has existed for decades, recent research that shows the earth ② warming at an alarming rate has spurred renewed interest in its utilization. What is remarkable is how far the development of alternative energy sources ③ has come. Batteries are now capable of storing large amounts of wind energy, allowing us to have naturally powered houses, ④ that can
> → which
> operate regardless of the weather conditions.

해설

④ **관계절의 용법** 관계절이 콤마(,) 뒤에서 계속적 용법으로 쓰여 앞에 나온 선행사(naturally powered houses)에 대한 부가 설명을 하고, 관계절 내에서 동사(can operate)의 주어 역할을 하고 있으므로 관계대명사 that을 계속적 용법으로 쓰일 수 있는 주격 관계대명사 which로 고쳐야 한다.

① **가산 명사** means는 '수단, 방법'이라는 의미를 나타낼 때 단수 명사로 쓰일 수 있는데, 가산 단수 명사는 반드시 관사와 함께 쓰여야 하므로 means 앞에 부정관사(a)가 올바르게 쓰였다.

② **현재분사 vs. 과거분사** 수식받는 명사 the earth와 분사가 '따뜻해지는 지구'라는 의미의 능동 관계이므로 현재분사 warming이 올바르게 쓰였다.

③ **주어와 동사의 수 일치** 주어 자리에 단수 명사 the development가 왔으므로 단수 동사 has가 올바르게 쓰였다. 참고로, 주어와 동사 사이의 수식어 거품(of alternative energy sources)은 동사의 수 결정에 영향을 주지 않는다.

해석

풍력 에너지는 현대 문명의 편의를 유지시키면서 우리가 환경에 미치는 영향을 줄이는 수단을 우리에게 제공해왔다. 비록 이 기술이 수 십 년 동안 존재해왔지만, 걱정스러울 정도의 속도로 따뜻해지는 지구를 보여주는 최근의 연구가 이것의 활용에 대한 새로운 관심을 자극했다. 눈에 띄는 것은 대체 에너지원의 개발이 얼마나 진행되어 왔느냐는 것이다. 현재 배터리는 많은 양의 풍력 에너지를 저장할 수 있으며, 우리가 자연적으로 동력이 공급되는 집을 가질 수 있게 하는데, 이것은 기상 상태에 상관없이 작동할 수 있다.

어휘

maintain 유지하다 alarming 걱정스러운 spur 자극하다
renewed 새로운 utilization 활용 remarkable 눈에 띄는
operate 작동하다

이것도 알면 합격!

혼동하기 쉬운 가산 명사와 불가산 명사를 구분하여 알아두자.

가산 명사	• a price 가격	• a noise 소음
	• a workplace 일터	• an excuse 변명
	• an outcome 결과	• measures 수단, 대책
불가산 명사	• advice 조언	• furniture 가구
	• knowledge 지식	• news 뉴스
	• luggage 수하물, 짐	

08 | 문법 부사절 난이도 중 ●●○

우리말을 영어로 잘못 옮긴 것은?

① 혹시라도 그 마케팅 전략이 신규 고객들을 얻는 데 실패한다면, 부서장은 좌천될 수도 있다.
→ Should the marketing strategy fail to acquire new customers, the head of the department may be demoted.

② 백신이 도입된 이후 말라리아 환자가 줄어들어왔다.
→ There have been fewer cases of malaria since a vaccine was introduced.

③ 당신이 아무리 열심히 노력하더라도, 당신은 그것을 완수할 수 없다.
→ However you may try hard, you cannot carry it out.
→ However hard you may try

④ 그 사고는 토요일에 일어났고, Josh가 그것을 목격했다.

→ The accident happened on Saturday, and Josh witnessed it.

해설

③ **부사절 접속사 3: 복합관계부사** 형용사(hard)를 수식하는 복합관계부사 however(아무리 ~하더라도)는 주로 'However + 형용사(hard) + 주어(you) + 동사(may try)'의 형태로 쓰이므로 However you may try hard를 However hard you may try로 고쳐야 한다.

[오답 분석]

① **가정법 미래** '혹시라도 ~ 실패한다면'이라는 의미로 가능성이 희박한 미래를 가정하고 있으므로 'If + 주어 + should + 동사원형'의 형태인 가정법 미래가 쓰여야 하는데, 가정법 문장에서 If가 생략되면 주어와 조동사(should)가 도치되어 'Should + 주어(the marketing strategy) + 동사원형(fail)'의 어순이 되므로, Should the marketing strategy fail ~이 올바르게 쓰였다.

② **현재완료 시제** '줄어들어왔다'라는 과거에 시작된 일이 현재까지 계속되는 상황을 표현하고 있고, 현재완료 시제와 자주 함께 쓰이는 시간 표현 since가 왔으므로, 현재완료 시제 have been이 올바르게 쓰였다.

④ **수동태로 쓸 수 없는 동사** 동사 happen은 목적어를 갖지 않는 자동사이고 수동태로 쓸 수 없으므로 능동태 happened가 올바르게 쓰였다.

어휘

acquire 얻다 demote 좌천시키다 case 환자, 사례 introduce 도입하다 carry out ~을 완수하다 witness 목격하다

🏅 **이것도 알면 합격!**

가정법 과거·과거완료 문장에서 if가 생략되었을 때의 도치 형태도 함께 알아두자.

가정법 과거	If + 주어 + were ~, 주어 + would/should/could/might + 동사원형 → Were + 주어 ~, 주어 + would/should/could/might + 동사원형
가정법 과거완료	If + 주어 + had p.p., 주어 + would/should/could/might + have p.p. → Had + 주어 + p.p., 주어 + would/should/could/might + have p.p.

09 독해 빈칸 완성 - 연결어 난이도 중 ●●○

밑줄 친 (A), (B)에 들어갈 말로 가장 적절한 것은?

Vacationing with a partner has some benefits: not only will you be safer, but you will create memories that you can recall together long after the trip is over. If you are willing to take a chance and travel alone, ___(A)___, you may find your journey much more rewarding. Having complete control over your itinerary can be exhilarating, since you have the freedom to do the things you personally enjoy, like walking through a night market, chatting with the locals, or visiting cultural landmarks that others might prefer to skip. You could, of course, end up getting lost, and you wouldn't have the ability to share your adventures with anyone. ___(B)___, you will learn to cope with each and every challenge you encounter on your own. The experience will help you realize your inner strength and give you more confidence as an individual.

	(A)	(B)
①	furthermore	Instead
②	however	Regardless
③	consequently	Likewise
④	therefore	Specifically

해설

(A) 빈칸 앞 문장은 동반자와 휴가를 보내는 것의 이점에 관한 내용이고, 빈칸 뒤 문장은 혼자 여행하는 것의 장점에 관한 대조적인 내용이므로, (A)에는 대조를 나타내는 연결어인 however(하지만)가 들어가야 한다. (B) 빈칸 앞 문장은 혼자 여행하면 겪을 수 있는 문제점들에 대한 내용이고, 빈칸 뒤 문장은 앞서 언급한 문제점들에도 불구하고 혼자 하는 여행을 통해 배우고 깨달을 수 있는 것들이 있다는 양보적인 내용이므로, (B)에는 양보를 나타내는 연결어인 Regardless(그에 상관없이)가 들어가야 한다. 따라서 ②번이 정답이다.

해석

동반자와 휴가를 보내는 것에는 몇몇 이점이 있다. 당신은 더 안전할 뿐만 아니라, 여행이 끝난 후 오랫동안 함께 회상할 수 있는 추억들을 만들 것이다. (A) 하지만, 만약 당신이 기꺼이 혼자 여행하는 것을 시도한다면, 당신의 여행이 훨씬 더 보람 있다는 것을 알게 될 수도 있다. 자신의 여정을 전적으로 관리하는 것은 기분을 들뜨게 할 수 있는데, 이는 야시장을 걷는 것, 지역 주민들과 이야기를 나누는 것, 또는 다른 사람들은 건너뛰고 싶을 수도 있는 문화적 명소들을 방문하는 것과 같이, 당신이 개인적으로 즐기는 것들을 할 자유를 가지기 때문이다. 물론, 당신은 결국 길을 잃어버릴 수도 있고, 어느 누구와도 당신의 모험담을 공유할 수 없을 것이다. (B) 그에 상관없이, 당신은 당신이 마주치는 모든 문제에 스스로 대처하는 것을 배울 것이다. 그 경험은 당신이 당신 내면의 힘을 깨닫는 것을 도와주고, 한 개인으로서 더욱 자신감이 생기게 할 것이다.

	(A)	(B)
①	게다가	대신에
②	하지만	그에 상관없이
③	따라서	마찬가지로
④	그러므로	특별히

어휘

vacation 휴가를 보내다 recall 회상하다 rewarding 보람 있는 itinerary 여정, 여행 일정표 exhilarating 기분을 들뜨게 하는 landmark 명소 skip 건너뛰다, 생략하다 end up 결국 (~하게) 되다 get lost 길을 잃다 cope with ~에 대처하다 encounter 마주치다

10 독해 글의 감상 난이도 중 ●●○

다음 글에 나타난 화자의 심경으로 가장 적절한 것은?

I remember the last time I saw her. When she called to ask me to come visit her in her commanding baritone—unexpected for a woman of her advanced age and diminutive stature—I braced myself for the worst. Rarely did she make such requests, knowing that I'd be too busy for her, doing all the things busy young people do. When I arrived at the hospital, the nurse guided me to her room and closed the door, leaving me standing there awkwardly. "Well? Are you going to say anything?" Grandma shouted. That broke the ice, and we spent the afternoon chatting about everything under the sun. When I heard the news of her passing the next morning, I wept, grateful that she'd reached out to me one last time.

① sentimental and wistful
② foreboding and frightening
③ melancholic and depressing
④ excited and delighted

해설
지문에서 화자는 할머니의 부탁으로 병원을 방문해서 할머니와 수다를 떨며 오후를 보냈고, 다음 날 할머니의 별세 소식을 듣고 할머니가 자신에게 마지막으로 연락해 준 것에 감사하며 울었다는 일화를 언급하고 있다. 따라서 '① 감상적이고 그리워하는'이 이 글에 나타난 화자의 심경으로 적절하다.

해석
나는 그녀를 마지막으로 봤던 때를 기억한다. 그녀가 고령의, 아주 작은 키를 가진 여인에게는 뜻밖인 위엄 있는 바리톤 음색으로 자신을 보러 오라고 부탁하기 위해 전화했을 때, 나는 최악의 상황을 대비해 마음을 다잡았다. 그녀는 좀처럼 그러한 부탁을 하지 않는데, 내가 바쁜 젊은이들이 하는 모든 것들을 하느라 그녀를 만나러 가기에는 너무 바쁘다는 것을 알기 때문이었다. 내가 병원에 도착했을 때, 간호사가 나를 그녀의 방으로 안내했고 그곳에 어색하게 서 있도록 남겨둔 채 문을 닫았다. "응? 할 말이라도 있는 거야?"라며 할머니가 소리쳤다. 그것이 서먹한 분위기를 깼고, 우리는 이 세상의 모든 것들에 대해 수다를 떨며 오후를 보냈다. 다음 날 아침에 그녀의 별세 소식을 들었을 때, 그녀가 내게 마지막으로 연락해 준 것에 감사하며, 나는 울었다.
① 감상적이고 그리워하는
② 불길한 예감이 들고 겁나는
③ 우울하고 낙담시키는
④ 신이 나고 즐거운

어휘
commanding 위엄 있는 **advanced age** 고령 **diminutive** 아주 작은
stature (사람의) 키, 신장 **brace oneself** 마음을 다잡다
awkwardly 어색하게 **break the ice** 서먹한 분위기를 깨다
under the sun 이 세상의 **passing** 별세, 죽음 **weep** 울다, 슬퍼하다
grateful 감사하는 **reach out** 연락하다 **sentimental** 감상적인
wistful 그리워하는 **foreboding** 불길한 예감이 드는 **melancholic** 우울한

11 생활영어 You need to take it easy. 난이도 하 ●○○

밑줄 친 부분에 들어갈 말로 가장 적절한 것은?

A: Do you have any plans this summer?
B: I'll be going on a road trip.
A: That sounds like fun!
B: Yes, I can't wait! How about you?
A: Well, my shop has been busy lately. I probably won't be able to get away.
B: That's a shame. I admire you for working so hard, but _____.
A: I know. I can't remember the last time I had a day off.
B: Hopefully you'll be able to rest soon.

① you need to take it easy
② you'll be back to the shop soon
③ you've already made plans with us
④ at least you're not too busy

해설
이번 여름에 자동차 여행을 갈 거라며 A에게 무슨 계획이 있냐고 묻는 B의 말에 A가 최근에 가게가 너무 바빠서 휴가를 못 갈 것 같다고 대답하고, 빈칸 뒤에서 다시 A가 I can't remember the last time I had a day off(나는 마지막으로 하루 쉰 게 언제였는지 기억나지 않아)라고 말하고 있으므로, 빈칸에는 '① 너는 쉬엄쉬엄 일할 필요가 있어(you need to take it easy)'가 들어가야 자연스럽다.

해석
A: 너는 이번 여름에 무슨 계획이 있어?
B: 나는 자동차 여행을 갈 거야.
A: 재미있을 것 같아!
B: 응, 너무 기다려져! 너는 어때?
A: 글쎄, 최근에 내 가게가 너무 바빴어. 나는 아마 휴가를 못 갈 것 같아.
B: 참 안타깝다. 네가 그렇게 열심히 일하는 건 훌륭하다고 생각하지만, <u>너는 쉬엄쉬엄 일할 필요가 있어</u>.
A: 나도 알아. 나는 마지막으로 하루 쉰 게 언제였는지 기억나지 않아.
B: 네가 곧 쉴 수 있길 바라.

① 너는 쉬엄쉬엄 일할 필요가 있어
② 너는 곧 가게로 돌아올 거야
③ 너는 우리와 이미 계획을 세웠잖아
④ 최소한 너는 그렇게 바쁘진 않아

어휘
get away 휴가를 가다, 떠나다 **have a day off** 하루 쉬다

이것도 알면 합격!
바쁜 상황에서 사용할 수 있는 표현을 알아두자.
· The staff have been swamped with work.
  직원들은 일 때문에 눈코 뜰 새 없이 바빴다.
· I have my hands full especially in the morning.
  나는 특히 아침에 아주 바쁘다.

12 문법 병치·도치·강조 구문 & 동명사 난이도 중 ●●○

우리말을 영어로 잘못 옮긴 것은?

① 자선단체는 대피소에 통조림 제품과 의약품들을 보냈다.
→ The charity organization sent the shelter canned goods and medical supplies.

② 매일 아침 동이 트기 전, 가장 어린 부대원은 깃발을 올리기 위해 밖으로 나간다.
→ Each morning before dawn, the youngest troop member goes outside to raise the flag.

③ Susan은 감기에 걸렸기 때문에 오늘 수업을 하는 것이 불가능하다.
→ It is not possible for Susan to teach today because she has the flu.

④ 당신이 해결하지 못하는 문제에 대해 너무 많이 생각하거나 걱정해도 소용없다.
→ There's no use thinking too much or worry about a
→ worrying
problem you can't fix.

해설

④ **병치 구문 | 동명사 관련 표현** 접속사(or)로 연결된 병치 구문에서는 같은 구조끼리 연결되어야 하는데, or 앞에 동명사 thinking이 왔으므로 or 뒤에도 동명사가 와야 한다. 따라서 동사원형 worry를 동명사 worrying으로 고쳐야 한다. 참고로, '-해도 소용 없다'는 동명사구 관련 표현 'no use -ing'를 사용하여 나타낼 수 있으므로 no use thinking이 올바르게 쓰였다.

[오답 분석]

① **4형식 동사** 동사 send(sent)는 'send + 간접 목적어(the shelter) + 직접 목적어(canned goods and medical supplies)'의 형태를 취하는 4형식 동사이므로 sent the shelter canned goods and medical supplies가 올바르게 쓰였다.

② **to 부정사의 역할** '올리기 위해'를 나타내기 위해 부사처럼 목적을 나타낼 수 있는 to 부정사 to raise가 올바르게 쓰였다.

③ **가짜 주어 구문 | to 부정사의 의미상 주어** to 부정사구(to teach today)와 같이 긴 주어가 오면 진주어인 to 부정사구를 뒤로 보내고 가주어 it이 주어 자리에 대신 쓰이므로, 진짜 주어 자리에 to 부정사구를 이끄는 to 부정사 to teach가 올바르게 쓰였다. 또한, 문장의 주어(It)와 to 부정사(to teach)의 행위 주체(Susan)가 달라서 to 부정사의 의미상 주어가 필요할 경우 'for + 명사'를 to 부정사 앞에 써야 하므로 for Susan to teach today가 올바르게 쓰였다.

어휘

charity 자선 shelter 대피소 canned goods 통조림 제품
medical supplies 의약품 troop 부대, 군대

13 생활영어 There's a map posted near the bus stop. 난이도 중 ●●○

두 사람의 대화 중 가장 자연스러운 것은?

① A: We haven't seen each other in ages.
B: I have an appointment with the eye doctor.

② A: Do you know how to find the library?
B: There's a map posted near the bus stop.

③ A: I have no energy after a long day of work.
B: You can plug in your phone here if you need power.

④ A: I need to drink some water.
B: I've already watered the plants.

해설

②번에서 A가 도서관 찾는 법을 알고 있냐고 묻고 있으므로, 버스 정류장 근처에 지도가 붙어있다는 B의 대답 '② There's a map posted near the bus stop(버스 정류장 근처에 지도가 붙어있어)'은 자연스럽다.

해석

① A: 우린 서로 오랫동안 못 봤어.
B: 나는 안과 예약이 있어.

② A: 도서관 찾는 법을 알고 있니?
B: 버스 정류장 근처에 지도가 붙어있어.

③ A: 나는 직장에서 긴 하루를 보내고 나면 기운이 없어.
B: 전력이 필요하면 너는 여기에 핸드폰을 연결해도 돼.

④ A: 나는 물을 좀 마셔야겠어.
B: 나는 이미 식물에 물을 줬어.

어휘

post (게시를) 붙이다 plug in ~에 ~을 연결하다 water 물을 주다

14 독해 제목 파악   난이도 중 ●●○

다음 글의 제목으로 가장 적절한 것은?

We instinctively seem to know that a work like *Moby Dick* is not in the same genre as the latest teen vampire novel, even though they are both creative stories. So what distinguishes them? The former is what is often categorized as literary fiction. Characters take center stage, and choices of style and language are incredibly important. Literary fiction tends to examine deep philosophical constructs and therefore often includes commentary on society and the human condition. Compare this to the books on bestseller lists. These are mainstream works and most are driven by plot. There is far more action and the story itself is what intrigues readers. The writing is not as skillful, and dialogue is abundant.

① The Role of Characters in Fiction Novels
② Why Literary Fiction is Highly Regarded
③ Differences Between Literature and Mainstream Writing
④ The Popularity of Mainstream Books in Today's Culture

해설

지문 처음에서 우리는 『모비 딕』과 같은 작품이 최신 십 대 뱀파이어 소설과 같은 장르에 속하지 않는다는 것을 직관적으로 아는 것처럼 보인다고 언급한 뒤, 이어서 전자를 문학 소설로 후자를 주류 작품으로 구분하여 각각의 특징과 차이점을 설명하고 있으므로, '③ 문학 작품과 주류 작품 간의 차이'가 이 글의 제목이다.

해석

우리는 그것들(『모비 딕』과 최신 십 대 뱀파이어 소설)이 둘 다 창작 이야기라고 하더라도 『모비 딕』과 같은 작품이 최신 십 대 뱀파이어 소설과 같은 장르에 속하지 않는다는 것을 직관적으로 아는 것처럼 보인다. 그렇다면 무엇이 그것들을 구별하는가? 전자는 보통 문학 소설로 분류되는 것이다. 등장인물들이 중심적인 위치를 차지하고, 문체와 언어의 선택이 매우 중요하다. 문학 소설은 심오하고 철학적인 구성 개념을 살펴보는 경향이 있고 그래서 종종 사회와 인류의 상태에 대한 논평을 포함한다. 이것을 베스트셀러 목록에 있는 책들과 비교해보자. 이것들은 주류 작품들이고 대부분 줄거리에 의해 움직인다. 훨씬 더 많은 사건이 있으며 이야기 자체가 독자들에게 흥미를 일으키는 것이다. 그 글은 (문학 소설 만큼) 정교하지 않으며, 대화가 많다.
① 소설 속 등장인물들의 역할
② 문학 소설들이 높이 평가받는 이유
③ 문학 작품과 주류 작품 간의 차이
④ 오늘날의 문화에서 주류 도서들의 인기

어휘

instinctively 직관적으로   distinguish 구별하다   categorize 분류하다
literary 문학의   incredibly 매우   examine 살펴보다   construct 구성 개념
commentary 논평, 논의   mainstream 주류의
intrigue ~의 흥미를 일으키다   abundant 많은, 풍부한
literature 문학 작품, 문학

15 독해 무관한 문장 삭제   난이도 중 ●●○

글의 흐름상 가장 어색한 문장은?

Many people believe that crying is a healthy outlet. However, research over the last several decades has proven that this is not always the case. For one, laboratory experiments revealed that some people are more likely to feel depressed immediately after shedding tears. ① Crying results in sympathetic overstimulation, otherwise known as the fight-or-flight response, that depletes the body of serotonin. ② This deficiency generates mood-altering reactions that include symptoms such as anxiety, irritability, and even obsessiveness. ③ Further research has revealed that emotional weeping is largely linked to how positively or negatively our early instances of crying are experienced. ④ The effects are particularly pronounced in those who already have preexisting issues with anxiety and other mental disorders.

해설

지문 처음에서 많은 사람들은 우는 것이 건강한 표현 수단이라고 여기지만 실험실 실험이 어떤 사람들은 눈물을 흘린 직후에 우울할 가능성이 더 많다는 것을 밝혔다고 언급한 뒤, ①, ②번에서는 우는 것이 우울함을 유발하는 과정과 그로 인한 증상에 대해, ④번에서는 이러한 현상이 특히 두드러지는 사람들에 대해 설명하고 있으므로 모두 첫 문장의 내용과 관련이 있다. 그러나 ③번은 감정적으로 우는 것과 예전에 울었던 사례에 대한 인식의 연관성에 대한 내용으로 우는 것과 우울할 가능성의 관계에 대한 내용과 관련이 없다.

해석

많은 사람들은 우는 것이 건강한 표현 수단이라고 여긴다. 하지만, 지난 수십 년간의 연구는 이것이 항상 그러한 것은 아니라는 것을 증명했다. 우선, 실험실 실험은 어떤 사람들은 눈물을 흘린 직후에 우울할 가능성이 더 많다고 밝혔다. ① 우는 것은 몸에서 세로토닌을 대폭 감소시키는 교감 신경계의 과다 자극을 유발하는데, 이는 투쟁 도피 반응이라고도 알려져 있다. ② 이 결핍은 불안, 과민성, 그리고 심지어 강박감과 같은 증상을 수반하는, 기분에 영향을 주는 반응을 일으킨다. ③ 추가 연구는 감정적으로 우는 것은 우리가 예전에 울었던 사례들이 얼마나 긍정적으로 또는 부정적으로 경험되었는지와 크게 연관되어 있다고 밝혔다. ④ 그 영향은 불안 및 다른 정신 질환에 대해 이미 이전부터 문제가 있던 사람들에게서 특히 두드러진다.

어휘

outlet (감정의) 표현 수단, 배출구   shed 흘리다   sympathetic 교감 신경계의
overstimulation 과다자극   otherwise known as ~로도 알려져 있는
fight-or-flight response 투쟁 도피 반응
deplete 대폭 감소시키다, 고갈시키다   deficiency 결핍
mood-altering 기분에 영향을 주는   irritability 과민성, 흥분성
obsessiveness 강박감, 망상에 사로잡힘   weep 울다, 눈물을 흘리다
instance 사례, 경우   pronounced 두드러진, 명백한
preexisting 이전부터 있는   mental disorder 정신 질환

16 독해 빈칸 완성 – 구 난이도 중 ●●○

밑줄 친 부분에 들어갈 말로 가장 적절한 것은?

Once in a while, the sea produces a rare phenomenon known as a cappuccino coast. This is when the ocean creates a thick, light-brown foam that resembles the froth on top of coffee. As pretty as it looks, the foam is _____ _____. It is made up of a combination of salt, chemicals, fish remains, and dead ocean plants among other things. These impure elements get mixed together by strong currents to create filthy suds that then get carried to shore by the waves. Those who are lucky enough to witness the spectacle often jump into the beautiful bubbles. But while it's not really hazardous, one would probably not want to remain in the grimy water too long.

① hardly sanitary
② clearly manufactured
③ entirely unpredictable
④ barely caffeinated

해설

빈칸 뒤 문장에 이 거품은 소금, 화학 물질, 물고기의 잔해, 그리고 죽은 해양 식물과 같은 깨끗하지 못한 요소들로 만들어진 더러운 거품이라는 내용이 있으므로, 빈칸에는 이 거품은 '① 조금도 위생적이지 않다'는 내용이 들어가야 한다.

해석

가끔, 바다는 카푸치노 해안이라고 알려진 보기 드문 현상을 만들어낸다. 이는 바다가 커피의 위에 있는 거품과 비슷한 두껍고 연한 갈색의 거품을 만들어낼 때이다. 비록 예뻐 보이기는 하지만, 이 거품은 <u>조금도 위생적이지 않</u>다. 이것은 소금, 화학 물질, 물고기의 잔해, 그리고 특히 죽은 해양 식물의 조합으로 이루어져 있다. 이 깨끗하지 못한 요소들은 강한 해류에 의해 함께 섞여서 이후에 파도에 의해 해안으로 운반되는 더러운 거품을 만든다. 이 장관을 목격할 만큼 충분히 운이 좋은 사람들은 종종 그 아름다운 거품 속으로 뛰어든다. 그러나, 이것은 그다지 위험하지는 않지만, 아마 사람들은 그 더러운 물에 너무 오래 있고 싶지는 않을 것이다.

① 조금도 위생적이지 않은
② 깨끗하게 제조된
③ 완전히 예측할 수 없는
④ 거의 카페인이 함유되지 않은

어휘

phenomenon 현상 resemble 비슷하다 froth 거품
among other things 특히 impure 깨끗하지 못한, 더러운
current 해류, 기류 filthy 더러운 suds 거품 spectacle 장관
hazardous 위험한 grimy 더러운 sanitary 위생적인
unpredictable 예측할 수 없는 caffeinated 카페인이 함유된

17 독해 요지 파악 난이도 중 ●●○

다음 글의 요지로 가장 적절한 것은?

Economies of scale are attained when increased product output results in a cost advantage for the manufacturer. For example, a greeting card company pays a certain amount for supplies needed to produce 1,000 greeting cards. When the manufacturer has an increasing number of orders, the supplier offers a discount on the greater quantity of supplies requested. Thus, additional cards cost less to produce, resulting in higher revenues. The company must now carefully weigh the decision to expand. The costs of expanding can wipe out the savings enjoyed by manufacturing on a larger scale.

① Economies of scale can be maintained as long as the company grows.
② Small businesses tend to benefit the most from economies of scale.
③ Businesses must balance growth with maintaining economies of scale.
④ Large corporations are generally easier to operate than smaller ones.

해설

지문 전반에 걸쳐 생산량 증가로 제조 회사가 공급자로부터 할인을 제공받아 수익을 낸 경우, 제조 회사는 앞으로의 확장이 대규모 생산으로 절약한 금액의 효과를 없앨 수 있으므로 신중히 따져 보아야 한다고 설명하고 있으므로, '③ 기업은 성장과 규모의 경제를 유지하는 것의 균형을 맞춰야 한다'가 이 글의 요지이다.

해석

규모의 경제는 증가한 제품 생산량이 제조 회사에게 비용우위로 이어질 때 달성된다. 예를 들어, 연하장 회사는 1,000개의 연하장을 생산하기 위해 필요한 물품에 일정 금액을 지불한다. 제조 회사에 점점 더 많은 주문이 들어오면, 공급자는 요청된 더 많은 양의 물품에 할인을 제공한다. 따라서, 추가적인 연하장들은 생산하는 데 비용이 더 적게 들고, 그 결과 더 높은 수익을 가져온다. 이제 그 회사는 확장하려는 결정을 신중히 따져봐야 한다. 확장 비용은 대규모로 생산함으로써 누렸던 절약된 금액의 효과를 없앨 수도 있다.

① 규모의 경제는 회사가 성장하는 한 유지될 수 있다.
② 소규모 기업은 규모의 경제로부터 가장 많이 득을 보는 경향이 있다.
③ 기업은 성장과 규모의 경제를 유지하는 것의 균형을 맞춰야 한다.
④ 대기업은 대체로 소규모 기업보다 운영하기 쉽다.

어휘

economy of scale 규모의 경제(생산요소 투입량의 증대에 따른 생산비 절약 또는 수익향상의 이익) attain 달성하다, 성취하다 output 생산량
cost advantage 비용우위 greeting card 연하장, 감사 카드
revenue 수익, 수입 weigh 따져보다, 숙고하다 expand 확장하다, 확대하다
wipe out ~의 효과를 없애다, 완전히 파괴하다

18 독해 문단 순서 배열   난이도 중 ●●○

주어진 글 다음에 이어질 글의 순서로 가장 적절한 것은?

> In the 1970s, inventor Raymond Kurzweil released the first handheld electronic reading machine, which could scan text and read it out loud through a synthesizer. This was designed to help the blind, and one of its first adopters was the musician Stevie Wonder.

> (A) Known as the K250, the instrument featured a total of 96 instruments, and performers could play up to 12 keys simultaneously. With features including looping and crossfading, the keyboard quickly became an industry leader and was utilized by well-known pianists in professional recordings.
>
> (B) As a teenager, Kurzweil had invented a computer that could write its own music, so this request was relevant to his expertise and interests. He ended up producing the first electronic keyboard that sounded so similar to real pianos that several professional pianists, including Wonder, could not distinguish the two.
>
> (C) This began a long partnership between Kurzweil and Wonder. In 1982, Wonder invited Kurzweil to his home and asked him if it was possible to create an electronic keyboard that could emulate the sounds of real acoustic instruments.

① (B) – (A) – (C)   ② (B) – (C) – (A)
③ (C) – (A) – (B)   ④ (C) – (B) – (A)

해설

주어진 문장에서 레이몬드 커즈웨일이 출시한 최초의 휴대용 전자 낭독 기계의 최초 사용자 중 한 명이 스티비 원더였다고 한 뒤, 뒤이어 (C)에서 이것(This)이 커즈웨일과 원더 사이의 오랜 협력이 시작되게 했으며, 스티비 원더가 커즈웨일에게 전자식 건반 악기 제작이 가능한지 물었다고 설명하고 있다. 이어서 (B)에서 커즈웨일은 10대 때 자체적인 음악을 작곡할 수 있는 컴퓨터를 발명했기 때문에, 결국에는 최초의 전자식 건반 악기를 만들어 냈다고 한 뒤, (A)에서 그 악기(the instrument)의 특징을 설명하고 있다. 따라서 ④번이 정답이다.

해석

> 1970년대에 발명가 레이몬드 커즈웨일은 최초의 휴대용 전자 낭독 기계를 출시했는데, 이것은 전자 음향 합성 장치를 통해 글을 스캔하여 큰 소리로 읽을 수 있었다. 이것은 시각장애인을 돕기 위해 고안되었으며, 이것의 최초 사용자 중 한 명이 음악가 스티비 원더였다.

(C) 이것은 커즈웨일과 원더의 오랜 협력이 시작되게 했다. 1982년에 원더는 커즈웨일을 집으로 초대해서 그에게 실제 음향 기기의 소리를 모방할 수 있는 전자식 건반 악기를 만드는 것이 가능한지 물었다.

(B) 10대 때 커즈웨일은 자체적인 음악을 작곡할 수 있는 컴퓨터를 발명했기 때문에, 이 요청은 그의 전문 지식 및 관심사와 관련이 있었다. 그는 소리가 실제 피아노와 너무 비슷해서 원더를 포함한 여러 전문 피아니스트가 그 둘을 구별할 수 없었던 최초의 전자식 건반 악기를 결국 만들어냈다.

(A) K250으로 알려진 이 악기는 총 96개의 악기를 특징으로 했으며, 연주자는 최대 12개의 건반을 동시에 연주할 수 있었다. 루핑 및 크로스 페이딩을 포함한 기능을 갖춘 이 키보드는 빠르게 업계의 선두 주자가 되었으며 전문적인 녹음으로 유명한 피아니스트들에 의해 사용되었다.

어휘

release 출시하다, 공개하다   handheld 휴대용의, 손에 들고 쓰는
synthesizer 전자 음향 합성 장치   adopter (신기술) 사용자
feature ~을 특징으로 하다; 기능   simultaneously 동시에
utilize 사용하다   relevant 관련이 있는   expertise 전문 지식
partnership 협력, 동반자 관계   emulate 모방하다   acoustic 음향의

구문분석

[14행] He ended up producing / the first electronic keyboard / that sounded so similar to real pianos / that several professional pianists, including Wonder, / could not distinguish the two.
: 이 문장에서 부사절 접속사 so ~ that(매우 ~해서 –하다)은 'so + 형용사(similar)/부사 + that + 주어(several professional pianists) + 동사(could not distinguish)'의 형태로 쓰여, '소리가 실제 피아노와 너무 비슷해서 원더를 포함한 여러 전문 피아니스트가 그 둘을 구별할 수 없었다'라는 의미를 나타낸다.

19 독해 문장 삽입   난이도 중 ●●○

주어진 문장이 들어갈 위치로 가장 적절한 것은?

> But the longer business owners take to contemplate such changes, the more problems they may create for themselves.

> One of the most important things that many small startup businesses need to do is pivoting. Pivoting involves a shift in some aspect of the business's focus. (①) This could be a modification to the company's product, an adjustment to the services offered, an alteration to the target market, or a change to the revenue model. (②) Changes of this nature can be daunting, and they require careful consideration. (③) For example, they may miss valuable opportunities if they're reluctant to make necessary changes. (④) To avoid this situation, entrepreneurs must be able to honestly evaluate their sales and growth. This enables them to react quickly and decisively, allowing them to avoid the common downfall of missing the limited window in which pivoting could save the company.

해설

③번 앞 문장에는 이러한 종류의 변화들(피벗이 수반하는 변화들)이 만만치 않을 수도 있으므로 신중한 고찰을 필요로 한다는 내용이 있고, ③번 뒤 문장에는 그들(경영주)이 필요한 변화를 만드는 것을 주저한다면 소중한 기회를 놓칠 수도 있다는 내용이 있으므로, ③번에 그러나 경영주들이 그러한 변화(such changes)를 더 오랫동안 심사숙고할수록 그들은 스스로 더 많은 문제를 만들어낼지도 모른다는 내용의 주어진 문장이 들어가야 지문이 자연스럽게 연결된다.

해석

많은 소규모 스타트업 기업들이 해야 하는 가장 중요한 것들 중 하나가 피벗이다. 피벗은 사업의 초점 중 일부 측면에서의 변화를 수반한다. 이것은 기업의 제품에 대한 수정, 제공하는 서비스의 조정, 목표 시장의 변경 또는 수익 모델의 변화가 될 수 있다. 이러한 종류의 변화들은 만만치 않을 수도 있어서, 그것들은 신중한 고찰을 필요로 한다. ③ 그러나 경영주들이 그러한 변화를 더 오랫동안 심사숙고할수록, 그들은 스스로 더 많은 문제를 만들어낼지도 모른다. 예를 들어, 만약 그들이 필요한 변화를 만드는 것을 주저한다면, 그들은 소중한 기회를 놓칠 수도 있다. 이런 상황을 피하기 위해, 기업가들은 그들의 매출과 성장을 솔직하게 평가할 수 있어야 한다. 이것은 그들이 빠르고 결단력 있게 반응할 수 있게 해주며, 피벗이 기업을 살릴 수 있는 제한된 시간을 놓치는 흔한 실패를 피할 수 있도록 한다.

어휘

contemplate 심사숙고하다
pivot 피벗(기존 사업 아이템을 바탕으로 사업의 방향을 다른 쪽으로 전환하는 것)
modification 수정 alteration 변경 revenue 수익 nature 종류
daunting 만만치 않은 reluctant 주저하는 entrepreneur 기업가
decisively 결단력 있게 downfall 실패 window 시간, 시기

구문분석

[13행] This enables them / to react quickly and decisively, / allowing them / to avoid the common downfall of missing the limited window / in which pivoting could save the company.
: 이 문장은 to 부정사를 목적격 보어로 취하는 동사 enable과 allow가 쓰여 '~가 ~하게 (허락)하다'라는 의미를 나타내고, '전치사 + 관계대명사(in which)'가 이끄는 절이 선행사 the limited window를 꾸며주고 있다.

---

20 | 독해 내용 불일치 파악 | 난이도 중 ●●○

다음 글의 내용과 일치하지 않는 것은?

Alligators and crocodiles may appear to be the same animal at first glance, but they are distinct in several ways. Alligators reside exclusively in the southeastern part of the US and eastern China, while crocodiles can be found on every continent except Antarctica. ①In the US, one is far more likely to encounter an alligator than a crocodile, as the latter is much scarcer there. The home ranges of the two overlap only in southern Florida. Yet they will rarely inhabit the same water bodies. Alligators are normally found in freshwater swamps, rivers, and lakes, whereas crocodiles prefer saltwater environments. ③Crocodiles are tolerant of saline conditions because they possess a special gland in their tongue that removes excess salt from their bodies. As for which animal is more aggressive, ④crocodiles are commonly known for their fierce temper and are more likely to attack humans than alligators are, which tend to be relatively timid by comparison.

① Alligators are more populous in the United States compared to crocodiles.
② Nowhere in the world do alligators and crocodiles coexist in the same region.
③ The crocodile's ability to eliminate salt allows it to reside in saline waters.
④ Crocodiles have a reputation for being more combative than alligators.

해설

지문 중간에서 앨리게이터와 크로커다일의 활동 범위는 남부 플로리다 지역에서 겹친다고 했으므로, '② 세계 어디에서도 앨리게이터와 크로커다일은 같은 지역에서 공존하지 않는다'는 것은 지문의 내용과 일치하지 않는다.

해석

앨리게이터와 크로커다일은 언뜻 보기에 같은 동물로 보일 수도 있지만, 그것들은 여러 면에서 다르다. 앨리게이터는 오로지 미국의 동남부 지역과 중국의 동부에만 사는 반면, 크로커다일은 남극 대륙을 제외한 모든 대륙에서 발견된다. 미국에서, 사람들은 크로커다일보다 앨리게이터와 마주칠 확률이 훨씬 더 높은데, 후자(크로커다일)는 그곳에서 훨씬 드물기 때문이다. 그 둘의 활동 범위는 남부 플로리다 지역에서만 겹친다. 하지만 그것들은 좀처럼 같은 수역에서 서식하지 않는다. 앨리게이터는 보통 민물의 늪, 강, 그리고 호수에서 발견되는 반면, 크로커다일은 염수의 환경을 선호한다. 크로커다일은 그것들의 몸에서 과도한 염분을 제거하는 특별한 분비 기관을 혀에 가지고 있기 때문에 염분이 함유된 환경에서 잘 견딘다. 어느 동물이 더 공격적인지에 대해 말하자면, 크로커다일은 보통 사나운 성질로 알려져 있고 앨리게이터보다 사람을 공격할 가능성이 더 높지만, 앨리게이터는 그(크로커다일)에 비해 상대적으로 겁이 많은 경향이 있다.

① 크로커다일과 비교할 때, 앨리게이터는 미국에서 수가 더 많다.
② 세계 어디에서도 앨리게이터와 크로커다일은 같은 지역에서 공존하지 않는다.
③ 염분을 제거하는 크로커다일의 능력은 그것이 염분이 함유된 물에서 살 수 있게 한다.
④ 크로커다일은 앨리게이터보다 더 전투적인 것으로 유명하다.

어휘

alligator 앨리게이터, (북미·남미·중국산) 악어 crocodile 크로커다일, 악어
at first glance 언뜻 보기에 distinct 다른, 별개의 reside 살다
exclusively 오로지 Antarctica 남극 대륙 encounter 마주치다
scarce 드문, 진귀한 home range 활동 범위, 행동권 overlap 겹치다
inhabit 서식하다, 살다 freshwater 민물의, 담수의 swamp 늪
saltwater 염수의, 바닷물의 tolerant 잘 견디는, 내성이 있는
saline 염분이 함유된 gland 분비 기관 as for ~에 대해 말하자면
aggressive 공격적인 fierce 사나운 temper 성질 timid 겁이 많은, 소심한
populous (사람·동물이) 수많은, 다수의 coexist 공존하다
eliminate 제거하다 have a reputation for ~로 유명하다
combative 전투적인

실전모의고사 분석 & 셀프 체크

제4회 난이도	상	제4회 합격선	14 / 20문제	권장 풀이시간	30분
체감 난이도		맞힌 개수	/ 20문제	실제 풀이시간	/ 30분

* 시험지 첫 페이지 상단의 QR 코드 스캔을 통해 좀 더 자세한 성적 분석 서비스 사용이 가능합니다.

정답

01	02	03	04	05	06	07	08	09	10
②	③	④	①	③	①	②	③	④	③
11	**12**	**13**	**14**	**15**	**16**	**17**	**18**	**19**	**20**
④	④	③	③	④	④	③	②	④	①

취약영역 분석표

영역	어휘	생활영어	문법	독해	TOTAL
맞힌 답의 개수	/ 4	/ 2	/ 3	/ 11	/ 20

---

01 어휘 arouse = energize 난이도 중 ●●○

밑줄 친 부분의 의미와 가장 가까운 것을 고르시오.

> The charismatic speaker aroused his listeners, making
> 자극했다
> them want to get more involved in their communities and
> bring about positive change.

① depressed 낙담시켰다　　② energized 격려했다
③ apprehended 붙잡았다　　④ misled 잘못 인도했다

해석

카리스마가 있는 그 연설자는 청중을 자극하여, 그들이 지역 공동체에 더 많이 참여하고 긍정적인 변화를 일으키고 싶도록 만들었다.

어휘

charismatic 카리스마가 있는　involve 참여시키다
bring about ~을 일으키다, 가져오다

이것도 알면 합격!

arouse(자극하다)의 유의어
= inspire, motivate, stimulate

---

02 어휘 nebulous = vague 난이도 중 ●●○

밑줄 친 부분의 의미와 가장 가까운 것을 고르시오.

> Scientists believe that our memories are never true
> representations of what happened in the past. As time
> goes on, what we remember becomes nebulous, and our
> 모호한
> recollections turn warped.

① bitter 괴로운　　② vivid 선명한
③ vague 모호한　　④ falsified 조작된

해석

과학자들은 우리의 기억이 과거에 일어난 일에 대한 정확한 묘사가 전혀 아니라고 생각한다. 시간이 흐르면서, 우리가 기억하는 것은 모호해지고, 우리의 기억은 왜곡된다.

어휘

representation 묘사, 표현　recollection 기억, 회상
warp 왜곡하다, 뒤틀다

이것도 알면 합격!

nebulous(모호한)의 유의어
= hazy, indistinct, faint, imprecise, blurred

03 어휘 set forth = introduce 난이도 중 ●●○

밑줄 친 부분의 의미와 가장 가까운 것을 고르시오.

> None of the ideas that the manager set forth were feasible
> (제시했다)
> with the limited budget the company had at the time.

① concealed 숨겼다   ② performed 시행했다
③ appointed 임명했다   ④ introduced 선보였다

해석

그 관리자가 제시했던 어떤 방안도 그 당시 회사가 가졌던 한정된 예산으로는 실현 가능하지 않았다.

어휘

feasible 실현 가능한, 그럴듯한   budget 예산

이것도 알면 합격!

set forth(제시하다)의 유의어
= present, explain, expound

04 어휘 get hold of = contact 난이도 중 ●●○

밑줄 친 부분의 의미와 가장 가까운 것을 고르시오.

> The Internet company's technician tried to get hold of
> (연락하다)
> the new customer to arrange a time to set up her Internet
> connection.

① contact 연락하다   ② register 등록하다
③ ignore 무시하다   ④ understand 이해하다

해석

그 인터넷 회사의 기술자는 새로운 고객의 인터넷 연결을 설치할 시간을 정하기 위해 그녀와 연락하려고 노력했다.

어휘

technician 기술자   arrange 정하다, 예정을 세우다
set up ~을 설치하다, 세우다

이것도 알면 합격!

get hold of(연락하다)와 유사한 의미의 표현
= reach, communicate with, get in touch with

05 문법 조동사 난이도 중 ●●○

우리말을 영어로 가장 잘 옮긴 것은?

① 나는 집을 공유하는 것보다 혼자 사는 것이 더 좋다고 생각한다.
→ I consider living on my own preferable than sharing a
     → to
house.

② 결혼식에서 작은 선물이 손님들 각각에게 주어졌다.
→ A small gift gave out to each of the guests at the wedding.
     → was given out

③ 그녀는 그 서류가 즉시 작성되어야 한다고 주장했다.
→ She insisted that the paperwork be filled out immediately.

④ 우리는 저녁 식사 시간에 딱 맞춰 호텔에 도착할 것으로 예상했다.
→ We anticipated arriving the hotel just in time for dinner.
     → arriving at

해설

③ **조동사 should의 생략** 주절에 주장을 나타내는 동사 insist가 오면 종속절에는 '(should +) 동사원형'이 와야 하므로, 동사원형 be가 올바르게 쓰였다.

[오답 분석]

① **비교급** '혼자 사는 것이 더 좋다고 생각한다'는 than 대신 to를 쓰는 비교 표현 preferable to(~보다 더 좋은)로 나타낼 수 있으므로 than을 to로 고쳐야 한다.

② **능동태·수동태 구별** 주어 A small gift와 동사가 '작은 선물이 주어지다'라는 의미의 수동 관계이므로 능동태 gave out을 수동태 was given out으로 고쳐야 한다.

④ **자동사** 자동사 arrive는 바로 뒤에 목적어를 취할 수 없으며, 전치사(at)가 있어야만 목적어(the hotel)를 취할 수 있으므로 arriving을 arriving at으로 고쳐야 한다.

어휘

preferable 더 좋은   paperwork 서류   fill out ~을 작성하다
immediately 즉시   anticipate 예상하다   in time 시간 맞춰

이것도 알면 합격!

의미가 비슷해서 혼동하기 쉬운 자동사와 타동사를 구분하여 알아두자.

자동사 + 전치사	타동사
• talk to/about ~에게/~에 대해 말하다	• mention ~에 대해 말하다
• speak to/about ~에게/~에 대해 말하다	• tell ~에게 말하다
• object to ~에 반대하다	• oppose ~에 반대하다
• respond to ~에 답하다	• answer ~에 답하다

06 문법 능동태·수동태   난이도 중 ●●○

우리말을 영어로 잘못 옮긴 것은?

① 그녀는 배가 비정상적으로 흔들리는 것을 느꼈고 이것이 뒤집힐 거라고 확신했다.

→ She felt the boat tremble abnormally and convinced it
                         → was convinced
would capsize.

② 화를 다스리는 긍정적인 방법은 좋은 친구와 시간을 보내는 것이다.

→ A positive way to deal with anger is to spend time with a good friend.

③ 태국버들붕어는 너무 공격적이어서 다른 어종과 한 수족관에 넣어둘 수 없다.

→ Siamese fighting fish are too aggressive to be kept in an aquarium with other fish species.

④ 어떤 것에 대해 읽는 것과 그것을 경험하는 것은 완전히 다른 두 가지이다.

→ Reading about something and experiencing it are two completely different things.

해설

① **능동태·수동태 구별** 주어 She와 동사가 '그녀는 확신했다'라는 의미의 수동 관계이므로 능동태 convinced를 수동태 was convinced로 고쳐야 한다.

[오답 분석]

② **to 부정사의 역할 | 보어 자리** '화를 다스리는 긍정적인 방법'이라는 의미를 표현하기 위해 형용사처럼 명사(way)를 수식하는 to 부정사 to deal with가 올바르게 쓰였다. 또한, be 동사(is)는 주격 보어를 취하는 동사인데, 보어 자리에는 명사나 형용사 역할을 하는 것이 올 수 있으므로 명사 역할을 하는 to 부정사구 to spend time이 올바르게 쓰였다.

③ **주어와 동사의 수 일치 | to 부정사 관련 표현** 명사 fish가 특정 물고기 종류 전체를 나타내는 복수 명사로 쓰였으므로 복수 동사 are이 올바르게 쓰였다. 또한, '너무 공격적이어서 한 수족관에 넣어둘 수 없다'는 to 부정사 관용 표현 'too ~ to'(너무 ~해서 −할 수 없다)를 사용하여 나타낼 수 있으므로 too aggressive to가 올바르게 쓰였다.

④ **병치 구문 | 접속사로 연결된 주어의 수 일치** 접속사(and)로 연결된 병치 구문에서는 같은 구조끼리 연결되어야 하는데, and 앞에 동명사(Reading)가 왔으므로 and 뒤에도 동명사 experiencing이 올바르게 쓰였다. 또한, 접속사 and로 연결된 주어에는 복수 동사를 써야 하므로 복수 동사 are이 올바르게 쓰였다.

어휘

tremble 흔들리다, 떨리다   abnormally 비정상적으로   convince 확신시키다
capsize 뒤집히다   deal with ~을 다스리다   aggressive 공격적인

이것도 알면 합격!

to 부정사구 병치 구문에서 첫 번째 나온 to를 제외한 나머지 to는 생략될 수 있다는 것을 알아두자.

(ex) Feel free to watch television, (to) use the restroom, or (to) take anything you want from the fridge.
편하게 TV를 보시거나, 화장실을 사용하시거나, 냉장고에서 원하는 건 뭐든 꺼내 드세요.

07 문법 병치·도치·강조 구문   난이도 상 ●●●

어법상 옳은 것은?

① He is finding extremely difficult to run again after injuring
       → finding it extremely difficult
his knee.

② Only after six months will the product's price likely be reduced by 20 percent.

③ Being active can help you staying in shape, remain focused,
                    → stay / to stay
and prevent certain diseases.

④ What there is a lack of opportunities in the country is forcing
   → That
our scientists to work abroad.

해설

② **도치 구문: 부사구 도치 1** 제한을 나타내는 부사구(Only after six months)가 강조되어 문장 맨 앞에 나오면 주어와 조동사가 도치되어 '조동사 + 주어 + 동사'의 어순이 되어야 하므로 Only after six months will the product's price likely be reduced가 올바르게 쓰였다.

[오답 분석]

① **목적어 자리** to 부정사구 목적어(to run again)가 목적격 보어(difficult)와 함께 오면 진짜 목적어를 목적격 보어 뒤로 보내고 목적어가 있던 자리에 가짜 목적어 it을 써야 하므로 finding extremely difficult to run again을 finding it extremely difficult to run again으로 고쳐야 한다.

③ **원형 부정사를 목적격 보어로 취하는 동사** help는 목적격 보어로 원형 부정사와 to 부정사가 모두 올 수 있는 준 사역동사이므로 동명사 staying을 원형 부정사 stay 또는 to 부정사 to stay로 고쳐야 한다.

④ **what vs. that** 완전한 절(there ~ the country)을 이끌며 주어 자리에 올 수 있는 것은 명사절 접속사 that이므로, 불완전한 절을 이끄는 명사절 접속사 What을 완전한 절을 이끄는 명사절 접속사 That으로 고쳐야 한다.

해석

① 그는 무릎에 부상을 입은 후에 다시 달리는 것이 매우 어렵다는 것을 깨닫고 있다.

② 6개월 후에야 그 상품의 가격이 20퍼센트 정도 인하될 것 같다.

③ 활동적인 것은 당신이 건강을 유지하고, 집중력을 유지하고, 특정 질병을 예방하는 데 도움이 될 수 있다.

④ 국내에서의 기회 부족이 우리의 과학자들을 해외에서 일하게 하고 있다.

어휘

extremely 매우, 극도로 **injure** 부상을 입히다
stay in shape 건강을 유지하다 **opportunity** 기회 **abroad** 해외에서

이것도 알면 합격!

형용사·분사 보어가 강조되어 문장의 맨 앞에 나올 때, 주어와 동사가 도치되어 '보어 + 동사 + 주어'의 어순이 된다는 것을 알아두자.

(ex) Noisy were the people holding a party next door.
　　　보어　동사　　주어
옆집에서 파티를 열고 있는 사람들은 시끄러웠다.

---

08 독해 요지 파악   난이도 중 ●●○

다음 글의 요지로 가장 적절한 것은?

> Many assume that people who work from home accomplish less because of their environment. It is thought that they have too many distractions, such as children or household chores. These assumptions were put to the test when the pandemic forced many to stay home, as companies made adjustments for the health and safety of their workers. Since then, surveys show that 77 percent of telecommuting workers believe they are more productive working from home. This productivity has convinced many companies to stick to the arrangement, which is also more economical for them. The companies save money on real estate, supplies, and utilities through telecommuting, as they do not need to supply office space or supplies to employees. Other benefits that were unforeseen have also come to light. For example, some families who are free from the burden of commuting have moved from the inner city to suburbs or rural areas, where they rent cheaper, more spacious homes.

① Employees are compelled to make many sacrifices.
② Companies prefer employees who stick to the rules.
③ Working from home benefits both workers and companies.
④ Having personal space promotes productivity for employees.

해설

지문 중간에서 설문 조사들은 재택근무자들의 77퍼센트가 그들이 재택근무를 할 때 더욱 생산성이 있다고 생각한다는 것을 보여준다고 했고, 이어서 재택근무를 통해 기업들은 부동산, 비품, 공익 설비에 드는 돈을 절약한다고 설명하고 있으므로, '③ 재택근무를 하는 것은 근로자와 기업 모두에 이익을 준다'가 이 글의 요지이다.

해석

많은 사람들은 재택근무하는 사람들이 그들의 환경 때문에 더 적게 성취해낼 것이라고 추측한다. 아이들이나 집안일과 같이, 그들에게는 집중을 방해하는 것이 너무 많다고 여겨진다. 이러한 추측은 전 세계적 유행병이 많은 이들을 집에 머물게 했을 때 기업들이 그들의 근로자의 건강과 안전을 위해 조치를 취하면서 시험대에 올려졌다. 그 이후, 설문 조사들은 재택근무자들의 77퍼센트가 그들이 재택근무를 할 때 더욱 생산성이 있다고 생각한다는 것을 보여준다. 이러한 생산성은 많은 기업들이 이 방식을 고수하도록 설득했는데, 이것은 또한 그들에게도 더욱 경제적이다. 기업들은 직원들에게 사무실 공간 또는 비품을 제공할 필요가 없기 때문에, 재택근무를 통해 부동산, 비품 그리고 공익 설비에 드는 돈을 절약한다. 뜻밖의 또 다른 혜택도 알려졌다. 예를 들어, 통근의 부담으로부터 자유로운 몇몇 가족은 도심 지역에서 교외나 지방으로 이사를 갔는데, 그곳에서 그들은 더 싸고 더 넓은 집을 임대한다.

① 직원들은 많은 희생을 하도록 강요받는다.
② 기업들은 규칙을 따르는 직원을 선호한다.
③ 재택근무를 하는 것은 근로자와 기업 모두에 이익을 준다.
④ 개인 공간을 갖는 것은 직원들의 생산성을 촉진시킨다.

어휘

assume 추측하다 **accomplish** 성취하다 **distraction** 집중을 방해하는 것
household chore 집안일 **put to the test** ~을 시험대에 올리다
pandemic 전 세계적 유행병 **adjustment** 조치, 조정
survey 설문 조사, 조사 보고서 **telecommute** 재택근무하다
productive 생산성 있는 **stick to** 고수하다, ~을 따르다
arrangement 방식, 조정, 협의 **economical** 경제적인 **supply** 비품
utility 공익 설비, 실용품 **unforeseen** 뜻밖의, 예측하지 못한
come to light 알려지다 **suburb** 교외 **rural** 지방의, 시골의
spacious 넓은 **sacrifice** 희생

09　독해 제목 파악　　　　난이도 중 ●●○

다음 글의 제목으로 가장 적절한 것은?

Whales are the largest marine animals and play an important role in creating the oceanic ecosystem and in maintaining Earth's environment. Their feeding and movements distribute nutrients from the seabed to the surface waters and the iron released in their waste fertilizes the oceans, allowing the population of phytoplankton to grow. This is important because these microscopic organisms form the basis of the marine food web and remove more carbon dioxide — one of the leading causes of global warming — from the atmosphere than the Amazon Rainforest when they undergo photosynthesis. In addition, whales accumulate 33 tons of carbon in their bodies, on average, during their long lives. When they die and their carcasses fall to the seafloor, the carbon they contain is effectively trapped in the ocean for centuries. However, with the population of whales down 90 percent from historical levels due to commercial whaling, millions of tons of additional carbon have entered the atmosphere and there is less phytoplankton to capture it, adding to our global warming problem. In light of this, protecting whales may be one of the keys to controlling climate change.

① How do whales fit into the marine food chain?
② What caused the drop in whale populations?
③ What can we do to protect whale species?
④ How do whale populations affect the climate?

해설

지문 전반에 걸쳐 고래의 배설물에서 방출되는 철분은 이산화탄소를 제거해주는 식물성 플랑크톤의 개체 수를 증가시키며, 고래는 체내에 평균 33톤의 탄소를 축적하여 수 세기 동안 그것을 바다 속에 가두는데, 상업적 고래잡이 때문에 고래의 개체 수가 줄어들면서 이것이 지구 온난화 문제를 가중시킨다고 설명하고 있으므로, '④ 고래 개체 수는 어떻게 기후에 영향을 미치는가?'가 이 글의 제목이다.

해석

고래는 가장 큰 해양 동물이며 대양 생태계를 형성하고 지구의 환경을 유지시키는 데 중요한 역할을 한다. 그들의 음식 섭취와 움직임은 해저에서부터 지표수까지 영양분을 퍼뜨리고 그들의 배설물에서 방출되는 철분은 바다를 풍요롭게 만들어 식물성 플랑크톤의 개체 수가 증가하게 한다. 이것은 이 미생물들이 해양 먹이 사슬의 토대를 이루고, 그들이 광합성 작용을 할 때 아마존 열대 우림보다 더 많은 이산화탄소를 대기로부터 제거하기 때문에 중요한데, 이산화탄소는 지구 온난화의 주된 원인 중 하나이다. 게다가, 고래들은 그들의 긴 일생 동안 체내에 평균 33톤의 탄소를 축적한다. 그들이 죽고 그들의 사체가 해저에 떨어지면, 그들이 갖고 있는 탄소는 수 세기 동안 바다 속에 효과적으로 가두어진다. 그러나, 상업적 고래잡이 때문에 고래의 개체 수가 역사적 수준보다 90퍼센트 감소하면서 수백만 톤의 부가적인 탄소가 대기에 들어왔는데, 그것을 포획할 식물성 플랑크톤이 적어서 우리의 지구 온난화 문제가 가중되고 있다. 이 관점에서, 고래를 보호하는 것은 기후 변화를 억제하는 것의 핵심 중 하나가 될 수 있다.

---

① 고래는 어떻게 해양 먹이 사슬에 적응하는가?
② 무엇이 고래 개체 수의 감소를 야기했는가?
③ 우리는 고래 종을 보호하기 위해 무엇을 할 수 있는가?
④ 고래 개체 수는 어떻게 기후에 영향을 미치는가?

어휘

marine 해양의, 바다의　**oceanic** 대양의　**feeding** 음식 섭취
distribute 퍼뜨리다, 분포시키다　**nutrient** 영양분　**seabed** 해저
waste 배설물, 폐물　**fertilize** 풍요롭게 하다, 비옥하게 하다
population 개체 수　**phytoplankton** 식물성 플랑크톤
microscopic organism 미생물　**food web** 먹이 사슬
carbon dioxide 이산화탄소　**photosynthesis** 광합성
accumulate 축적하다　**carbon** 탄소　**carcass** 사체
effectively 효과적으로　**trap** 가두다　**commercial** 상업적인
whaling 고래잡이　**in light of** ~의 관점에서

구문분석

[16행] However, / with the population of whales down / 90 percent from historical levels / due to commercial whaling, (생략)
: 'with + 목적어(the population of whales) + 부사(down)'는 동시에 일어나는 상황이나 이유를 나타내며, '~한 채', '~하면서'라는 뜻으로 해석된다. 해당 구문의 부사 자리에는 분사나 형용사 또는 전치사가 올 수도 있다.

10 독해 내용 불일치 파악   난이도 중 ●●○

다음 글의 내용과 일치하지 않는 것은?

> Santorini, Greece is being overrun by tourists. ①More than 2 million visit each year to take in its picturesque white, cubiform homes, crystal blue seas, and breathtaking sunsets. ②This has strained the small island's infrastructure — the electrical grid and water supply were simply not built to handle such large numbers of people and the trash they produce is piling up in the streets. As a result, the local government is looking for ways to lessen the impact of the visitors to the island. One of the steps they have undertaken to accomplish is limiting the number of cruise passengers who disembark there. This has greatly reduced the number of visitors, ④but has also led to a new concern among the island's locals — can their businesses survive the decline in tourism?

① 매년 2백만 명 이상의 사람들이 Santorini를 방문한다.
② Santorini의 사회 기반 시설은 현재 상황에 대처하기에 충분하지 않다.
③ 지역 정치인들은 Santorini의 방문객 수를 늘리기 위한 방법을 찾고 있다.
④ Santorini의 주민들은 관광객 제한이 지역 경제에 미칠 영향에 대해 걱정한다.

해설

지문 중간에서 지방 정부는 섬(Santorini)에 대한 관광객들의 영향을 줄일 방법들을 찾고 있고 그 중 하나가 그곳에 내리는 크루즈 승객들의 수를 제한하는 것이라고 했으므로, '③ 지역 정치인들은 Santorini의 방문객 수를 늘리기 위한 방법을 찾고 있다'는 것은 지문의 내용과 일치하지 않는다.

해석

그리스의 산토리니는 여행객들로 인해 황폐해지고 있다. 매년 2백만 명 이상이 이곳의 그림 같이 아름다운 하얀 정육면체의 집들, 맑고 투명한 푸른 바다, 그리고 숨이 멎을 만큼 놀라운 일몰을 구경하기 위해 방문한다. 이는 그 작은 섬의 사회 기반 시설을 한계에 이르게 해왔다. 전력망과 상수도는 그렇게 많은 수의 사람들을 감당하도록 구축되지 않았으며, 그들이 만들어낸 쓰레기는 거리에 쌓이고 있다. 그 결과, 지방 정부는 섬에 대한 관광객들의 영향을 줄일 방법들을 찾고 있다. 그들이 성과를 거두기 위해 시도해온 방법들 중 하나는 그 곳에 내리는 크루즈 승객들의 수를 제한하는 것이다. 이것은 관광객의 수를 현저하게 감소시켰지만, 섬 주민들 사이에 그들의 사업이 관광객 감소를 견뎌낼 수 있을지에 대한 새로운 우려를 가져오기도 했다.

어휘

overrun 황폐하게 하다   take in ~을 구경하다
picturesque 그림 같이 아름다운   cubiform 정육면체의   crystal 맑고 투명한
breathtaking 숨이 멎을 만큼 놀라운   strain 한계에 이르게 하다, 무리를 주다
infrastructure 사회 기반 시설   electrical grid 전력망   pile up 쌓다
lessen 줄이다   undertake 시도하다
disembark (배·비행기·버스에서) 내리다   survive 견뎌내다

---

11 생활영어 I'm on the line with a receptionist.   난이도 중 ●●○

두 사람의 대화 중 가장 어색한 것은?

① A: I figured I might as well apply for this job.
   B: Yeah, it's worth trying.
② A: When did you last talk to Jamie?
   B: It was roughly a week ago.
③ A: How's it going with your new puppy?
   B: He's been easy to train.
④ A: I'll probably have to wait in line.
   B: I'm on the line with a receptionist.

해설

④번에서 A가 아마도 줄 서서 기다려야 할 거라고 말하고 있으므로, 접수원과 통화 중이라는 B의 대답 '④ I'm on the line with a receptionist(나는 접수원과 통화 중이야)'는 어울리지 않는다.

해석

① A: 나는 이 일자리에 지원하는 게 낫겠다고 생각했어.
   B: 그래, 그건 시도할 만한 가치가 있어.
② A: 네가 Jamie랑 마지막으로 이야기 한 게 언제야?
   B: 대략 일주일 전이었어.
③ A: 너의 새로운 강아지는 잘 지내고 있어?
   B: 그는 훈련시키기 쉬워.
④ A: 나는 아마도 줄 서서 기다려야 할 거야.
   B: 나는 접수원과 통화 중이야.

어휘

figure 생각하다   might as well ~하는 게 낫다   apply 지원하다
roughly 대략   be on the line 통화 중이다   receptionist 접수원

이것도 알면 합격!

'talk'를 포함한 표현을 알아두자.
- talk somebody into something ~에게 ~을 하도록 설득하다
- talk somebody up ~을 (실제보다 더) 좋게 말하다
- talk big 허풍 떨다
- the talk of the town 장안의 화제
- talk someone's ear off 귀가 닳도록 계속 이야기하다
- talk turkey 진지하게 말하다

12 생활영어 I've been too busy moving in to get around to it. 난이도 하 ●○○

밑줄 친 부분에 들어갈 말로 가장 적절한 것은?

A: How's life in San Francisco?
B: It's the best place I've lived so far. The beaches, the food, the parks... It's great.
A: I'm happy for you! Have you made any friends yet?
B: _____.
A: Well, there's no need to hurry.
B: Exactly. I want to focus on settling in first.
A: That's a good idea. You'll have more free time later.
B: Yeah, I'm not worried. I'm sure I'll be able to meet people once I get settled.

① Actually, I have more friends now than I used to
② You could introduce me to some of yours
③ All of my next door neighbors stopped by
④ I've been too busy moving in to get around to it

해설

친구들은 아직 안 사귀었냐고 묻는 A의 말에 B가 대답하고, 빈칸 뒤에서 A가 Well, there's no need to hurry(그래, 서두를 필요 없지)라고 말하고 있으므로, 빈칸에는 '④ 나는 이사하느라 너무 바빠서 그것까지는 할 수 없었어(I've been too busy moving in to get around to it)'가 들어가야 자연스럽다.

해석

A: 샌프란시스코에서의 생활은 어때?
B: 내가 지금까지 살아 본 곳 중 가장 좋아. 해변, 음식, 공원... 정말 멋져.
A: 잘 됐다! 친구들은 아직 안 사귀었어?
B: 나는 이사하느라 너무 바빠서 그것까지는 할 수 없었어.
A: 그래, 서두를 필요 없지.
B: 맞아. 나는 우선 정착하는 데 집중하고 싶어.
A: 좋은 생각이야. 나중에 여유 시간이 더 있을 거야.
B: 응, 걱정 안 해. 일단 자리를 잡으면 분명히 사람들을 만날 수 있을 거야.

① 사실, 나는 예전보다 지금 더 많은 친구들이 있어
② 너의 몇몇 친구들에게 나를 소개해 줄 수 있잖아
③ 내 모든 이웃 사람들이 잠시 방문했어
④ 나는 이사하느라 너무 바빠서 그것까지는 할 수 없었어

어휘

settle in ~에 정착하다 get around to ~까지도 하다

이것도 알면 합격!

서두르지 말라고 말할 때 쓸 수 있는 표현을 알아두자.
• Take your time. 천천히 하세요.
• There's no rush. 서두르지 않으셔도 됩니다.
• Take it easy. 진정하세요.
• We're not in a hurry. 우리는 급하지 않습니다.

13 독해 빈칸 완성 – 연결어 난이도 중 ●●○

밑줄 친 (A), (B)에 들어갈 말로 가장 적절한 것은?

The life cycle of a leaf begins in spring. A new bud sprouts and water, food, and energy begin to flow to and from the tree. Leaves bloom as the amount of daylight reaches a higher threshold. When there is plenty of sunshine and rain, the tree takes in enough to send nutrients to all its leaves. They turn different shades of green, as large amounts of chlorophyll—a green pigment that allows leaves to absorb energy from light—are produced during the warmer months. ____(A)____, when daylight hours start to decline and temperatures drop, the tree begins to shut down in preparation for winter. The tree prepares for the decreased temperatures and sunlight that accompanies the longer nights of winter by sealing off its leaves. It stops making food in order to save energy during the colder months, and its leaves no longer generate chlorophyll. ____(B)____, the green coloring fades and chemical changes occur, producing the beautiful reds, yellows, and oranges that we associate with fall.

	(A)	(B)
①	On the other hand	Nevertheless
②	In particular	Instead
③	On the other hand	As a result
④	In particular	For example

해설

(A) 빈칸 앞 문장은 햇빛과 빗물이 풍부할 때 나무는 충분한 양을 흡수하여 다량의 엽록소를 생산한다는 내용이고, 빈칸이 있는 문장과 빈칸 뒤 문장은 낮 시간이 줄어들고 기온이 떨어지면 나무는 멈추기 시작한다는 대조적인 내용이므로, (A)에는 대조를 나타내는 연결어인 On the other hand(반면에)가 들어가야 한다. (B) 빈칸 앞 문장은 나무가 추운 달 동안 양분을 만드는 것을 멈추고 나뭇잎들은 더 이상 엽록소를 생성하지 않는다는 내용이고, 빈칸이 있는 문장은 녹색 색조가 희미해지고 잎의 색이 변하는 화학 변화가 일어난다는 결과적인 내용이므로, (B)에는 결과를 나타내는 연결어인 As a result(그 결과)가 들어가야 한다. 따라서 ③번이 정답이다.

해석

나뭇잎의 생활 주기는 봄에 시작한다. 새로운 싹이 발아하고 물, 양분, 그리고 에너지가 나무로 흘러들고 나무에서 흘러나오기 시작한다. 나뭇잎들은 햇빛의 양이 더 높은 기준점에 도달할 때 피어난다. 햇빛과 빗물이 풍부할 때, 나무는 그것의 모든 나뭇잎에 영양소를 보낼 만큼 충분한 양을 흡수한다. 나뭇잎이 햇빛으로부터 에너지를 흡수할 수 있게 하는 녹색 색소인 다량의 엽록소가 더욱 따뜻한 달 동안 생산되면, 그것들은 서로 다른 녹색 색조가 된다. (A) 반면에, 낮 시간이 줄어들기 시작하고 기온이 떨어지면, 나무는 겨울을 준비하기 위해 멈추기 시작한다. 나무는 그들의 잎을 봉인함으로써, 더 길어진 겨울 밤에 수반되는 낮아진 기온과 줄어든 일광에 대비한다. 그것은 더 추운 달 동안 에너지를 절약하기 위해 양분을 만드는 것을 멈추고, 나뭇잎들은 더 이상 엽록소를 생성하지 않는다. (B) 그 결과, 녹색 색조가 희미해지고 화학 변화가 일어나는데, 이는 우리가 가을과 관련지어 생각하는 아름다운 빨간색, 노란색, 주황색을 만들어 낸다.

	(A)	(B)
①	반면에	그럼에도 불구하고
②	특히	대신에
③	반면에	그 결과
④	특히	예를 들어

어휘

life cycle 생활 주기　**bud** 싹　**sprout** 발아하다　**daylight** 햇빛, 일광
threshold 기준점　**take in** ~을 흡수하다　**nutrient** 영양소　**shade** 색조
chlorophyll 엽록소　**pigment** 색소　**shut down** ~가 멈추다, 정지하다
accompany 수반하다, 따르다　**seal off** 봉인하다　**generate** 생성하다
fade 희미해지다, 바래다　**associate** 관련지어 생각하다

---

14 독해 주제 파악　　　　　　　　　　난이도 중 ●●○○

다음 글의 주제로 가장 적절한 것은?

> The application of rock salt to roads and sidewalks is a common practice in places where densely packed snow has turned into ice. The liquid water on the ice's surface dissolves the salt, lowering the freezing point of the water and causing the ice to melt, which, in turn, dissolves even more salt. This makes icy surfaces less slippery for both vehicles and pedestrians. But only recently have scientists investigated what happens to dissolved road salt. It does not simply disappear once it has served its purpose; it gets washed into nearby streams and bodies of water where it can affect plants and wildlife. For instance, increased salt concentrations have been shown to reduce the size of rainbow trout and skew the balance of male and female wood frogs. Road salt is also absorbed by roadside plants. One experiment found that the butterflies ingesting these plants developed in unusual ways. Finally, animals like moose and deer, which require supplemental salt in their diet, are attracted to the salt on roadsides. It endangers them and also presents a serious hazard for drivers.

① Threats to motorists posed by rock salt
② The efficacy of using road salt on icy pathways
③ Effects of road salt application on plants and animals
④ A justification for the widespread application of road salt

해설

지문 중간에서 최근에서야 용해된 도로용 소금에 대한 연구가 이루어졌다고 하고, 이어서 용해된 소금이 인근 개울과 수역으로 씻겨 들어가 물고기와 개구리에 영향을 주고, 길가의 식물에 흡수되어 식물을 먹이로 하는 나비에 영향을 주며, 소금 섭취를 위해 길가로 이끌려 오는 동물들과 운전자들에게 위험이 된다는 것을 설명하고 있으므로, '③ 도로용 소금 사용이 식물과 동물에 미치는 영향'이 이 글의 주제이다.

해석

도로와 인도에 암염을 사용하는 것은 빽빽하게 압축된 눈이 얼음으로 변한 곳에서 흔한 관행이다. 얼음 표면 위에 있는 액체 상태의 물은 소금을 용해시키는데, 이는 물의 빙점을 낮추어 얼음을 녹게 하며, 결과적으로 훨씬 더 많은 소금을 용해시킨다. 이것은 얼음에 뒤덮인 표면이 차량과 보행자 모두에게 덜 미끄럽게 만든다. 하지만 최근에서야 과학자들은 용해된 도로용 소금에 무슨 일이 일어나는지를 연구했다. 이것은 이것의 목적을 달성하자마자 간단히 사라지는 것이 아니다. 이것은 식물과 야생 동물에게 영향을 미칠 수 있는 인근의 개울과 수역으로 씻겨 들어간다. 예를 들어, 증가된 염분 농도는 무지개송어의 크기를 줄이고, 나무숲산개구리의 수컷과 암컷 균형을 왜곡시키는 것으로 나타났다. 도로용 소금은 또한 길가의 식물들에게도 흡수된다. 한 실험은 이러한 식물을 섭취한 나비가 비정상적인 방식으로 성장했다는 것을 발견했다. 마지막으로, 그들의 식단에 추가적인 염분을 필요로 하는 무스와 사슴과 같은 동물들은 길가에 있는 소금에 이끌린다. 이것은 그들을 위태롭게 하며, 또한 운전자들에게도 심각한 위험을 야기한다.

① 암염이 운전자들에게 제기하는 위협
② 얼음에 뒤덮인 길에서 도로용 소금을 사용하는 것의 효능
③ 도로용 소금 사용이 식물과 동물에 미치는 영향
④ 도로용 소금의 광범위한 사용에 대한 정당화

어휘

application 사용, 적용　**sidewalk** 인도　**common** 흔한
densely 빽빽하게　**dissolve** 용해시키다　**lower** 낮추다　**in turn** 결과적으로
icy 얼음에 뒤덮인　**pedestrian** 보행자　**nearby** 인근의
concentration 농도　**skew** 왜곡하다　**ingest** 섭취하다
develop 성장하다, 발육하다　**diet** 식단　**endanger** 위태롭게 하다
present 야기하다　**hazard** 위험　**efficacy** 효능　**justification** 정당화

구문분석

[7행] But / only recently / have scientists investigated / what happens to dissolved road salt.
: 이처럼 제한을 나타내는 부사구(only recently)가 강조되어 문장의 맨 앞에 나오면, 주어와 조동사가 도치되어 '조동사(have) + 주어(scientists) + 동사(investigated)'의 어순이 된다.

15 독해 문단 순서 배열　난이도 중 ●●○

주어진 글 다음에 이어질 글의 순서로 가장 적절한 것은?

Readers often avoid poetry because of its perceived difficulty. However, a lot of the challenges people face when reading poems are ones they make for themselves.

(A) Poems are like music in this sense. We may not understand the structures or even the words of a song, but it can still evoke images and emotions that move us, the same way poetry can.

(B) For example, many devote themselves to trying to find the "hidden meaning" in poems, but a lot of poems are actually quite literal and have no hidden message. They merely have a nontraditional format.

(C) Even if there is such a message, being unable to interpret them doesn't really matter. Poetry is, above all, about how the words sound and the verses flow together.

① (A) – (B) – (C)
② (A) – (C) – (B)
③ (B) – (A) – (C)
④ (B) – (C) – (A)

해설

주어진 글에서 독자들은 시가 어렵다는 인식 때문에 그것을 피하지만, 그 어려움은 그들이 스스로 만든 것이라고 언급한 후, (B)에서 예를 들어(For example) 사람들은 시 속의 '숨은 뜻'을 찾는 데 전념하지만 많은 시들은 숨은 뜻을 가지고 있지 않다고 설명하고 있다. 이어서 (C)에서 그러한 메시지 (such a message)가 있다고 하더라도 그것들을 해석할 수 없다는 것이 중요한 게 아니며, 시는 단어들이 들리는 방식과 절들이 함께 흘러가는 방식에 관한 것이라고 설명하고, 뒤이어 (A)에서 이런 점에서(in this sense) 시와 음악은 비슷하다고 설명하고 있다. 따라서 ④번이 정답이다.

해석

독자들은 시가 어렵다는 인식 때문에 그것을 종종 피한다. 하지만 시를 읽을 때 사람들이 직면하는 수많은 어려움들은 그들이 스스로 만든 것들이다.

(B) 예를 들어, 많은 사람들은 시 속의 '숨은 뜻'을 찾으려는 데 전념하지만, 많은 시들은 사실 상당히 글자 그대로이고 숨은 뜻을 가지고 있지 않다. 그들은 단지 종래와는 다른 형식을 가질 뿐이다.

(C) 그러한 메시지가 있다고 하더라도, 그것들을 해석할 수 없다는 것은 사실 별로 중요하지 않다. 시는 무엇보다도 단어들이 들리는 방식과 절들이 함께 흘러가는 방식에 관한 것이다.

(A) 이런 점에서 시는 음악과 비슷하다. 우리는 노래의 구조나 심지어는 가사조차 이해할 수 없을지 모르지만, 그럼에도 불구하고 그것은 시가 할 수 있는 것과 같은 방식으로 이미지와 감정을 일깨울 수 있다.

어휘

perceive 인식하다, 알아차리다　face 직면하다　still 그럼에도 불구하고
evoke 일깨우다　poetry 시, 운문　literal 글자 그대로의, 꾸밈이 없는
nontraditional 종래와는 다른　interpret 해석하다, 이해하다
verse 절, 시의 한 줄

16 독해 무관한 문장 삭제　난이도 상 ●●●

다음 글의 흐름상 가장 어색한 문장은?

Found in everything from baked goods to fried dishes, trans fats give foods better flavor and a longer shelf life, and most are synthetically manufactured. Recently, the Canadian government announced that it will prohibit the inclusion of artificial trans fats in foods. ① This is a welcome move considering that the consumption of trans fats raises the risk of heart attacks, strokes, and type 2 diabetes. ② In fact, the measure is expected to prevent 20,000 heart attacks over the next two decades. ③ Health Minister said that the ban will apply to all foods sold in the country, including food served in restaurants, and it will affect current import policies. ④ Foods with under 0.5 grams of trans fat per serving can be labeled as having no trans fat. Despite some backlash from restaurateurs and the food industry, the embargo has mostly been met with open arms from medical professionals, parents, and schools.

해설

지문 처음에서 최근 캐나다 정부는 음식에 인공 트랜스 지방을 포함하는 것을 금지하겠다고 발표했다고 한 뒤, ①, ②번에서는 트랜스 지방 섭취의 위험성을 고려하면 이는 반가운 조치라고 하며 이 조치의 긍정적인 기대 효과를 언급하고, ③번에서는 이 금지가 적용되는 범위와 영향에 대해 설명하고 있다. 그러나 ④번은 1인분 당 0.5그램 미만의 트랜스 지방이 들어있는 음식은 트랜스 지방이 들어있지 않다는 라벨이 붙여질 수 있다는 내용으로, 캐나다 정부의 인공 트랜스 지방 금지 정책이 가져올 효과와 영향에 대한 설명과 관련이 없다.

해석

구운 식품부터 튀긴 요리에 이르기까지의 모든 것에서 발견되는 트랜스 지방은 음식에 더 좋은 풍미와 더 긴 유통 기한을 주며, 대부분은 합성하여 제조된다. 최근, 캐나다 정부는 음식에 인공 트랜스 지방을 포함하는 것을 금지하겠다고 발표했다. ① 트랜스 지방의 체내 섭취가 심장마비, 뇌졸중, 그리고 제2형 당뇨병의 위험을 증가시킨다는 것을 고려하면 이것은 반가운 조치이다. ② 실제로, 이 조치는 향후 20년 동안 20,000건의 심장마비를 예방할 것으로 기대된다. ③ 보건부 장관은 이 금지가 식당에서 제공되는 음식을 포함하여 국내에서 판매되는 모든 음식에 적용될 것이며, 현재의 수입 정책에 영향을 미칠 것이라고 말했다. ④ 1인분당 0.5그램 미만의 트랜스 지방이 들어있는 음식은 트랜스 지방이 들어있지 않다는 라벨이 붙여질 수 있다. 식당 경영자들과 식품업계의 일부 반발에도 불구하고, 이 금지는 의학 전문가, 부모, 그리고 학교로부터 대체로 환영을 받아왔다.

어휘

flavor 풍미, 향미, 맛　shelf life 유통 기한　synthetically 합성하여
manufacture 제조하다, 생산하다　artificial 인공의, 인조의
welcome 반가운　consumption 체내 섭취, 소비　stroke 뇌졸중
type 2 diabetes 제2형 당뇨병　measure 조치, 정책　import 수입, 수입품
serving 1인분　label 라벨을 붙이다　backlash 반발　embargo 금지, 제한

17 독해 내용 불일치 파악 난이도 중 ●●○

다음 글의 내용과 일치하지 않는 것은?

We pursue happiness, but what is it, exactly? According to research by psychologist Jennifer Aaker, ①its definition evolves as we age. As teenagers, we enjoy the thrill of discovering new things. We don't really know ourselves yet, and the future seems full of opportunity. ②When we reach our mid-20s, we have a clearer idea of our desires and are happiest chasing our personal goals. By our late 20s and early 30s, we're most content when we can balance our work, health, and family. We begin taking on more responsibilities, like paying bills and raising children, so happiness is no longer simply about discovery and excitement. During our late 30s and early 40s, we often equate joy with finding more meaning in life; volunteering our time to help others may suddenly become appealing. ④Happiness at age 50 and beyond comes with slowing down to savor everything we've achieved. Looking back, we may feel as though we've become a completely different person, but all that has changed is what makes us happy, that is, how we prefer spending our time.

① Research suggests that what makes us happy changes throughout our lives.

② People in their mid-20s tend to derive pleasure from pursuing their goals.

③ Those in their early 40s tend to disregard meaning in favor of simple pleasures.

④ Taking the time to relish past accomplishments brings joy to individuals over 50.

해설

지문 중간에서 40대 초반에는 행복을 삶에서 더 많은 의미를 찾는 것과 동일시한다고 했으므로, '③ 40대 초반의 사람들은 단순한 즐거움을 위해 의미를 경시하는 경향이 있다'는 것은 지문의 내용과 일치하지 않는다.

해석

우리는 행복을 추구하지만, 그것은 정확히 무엇인가? 심리학자 Jennifer Aaker의 연구에 따르면, 이것의 정의는 우리가 나이 들어감에 따라 변한다. 10대에, 우리는 새로운 것을 발견하는 설렘을 즐긴다. 우리는 아직 스스로를 확실히 알지 못하고, 미래는 기회로 가득 차 보인다. 우리가 20대 중반에 이르면, 우리는 우리의 욕망에 대해 더 분명한 생각을 가지며 우리의 개인적인 목표를 좇을 때 가장 행복하다. 20대 후반과 30대 초반까지, 우리는 우리의 일, 건강, 그리고 가족의 균형을 이룰 수 있을 때 가장 만족한다. 우리가 청구서를 지불하고 아이들을 양육하는 것과 같은 더 많은 책임을 맡기 시작하면서, 행복은 더 이상 단순히 발견과 설렘에 관한 것이 아니다. 30대 후반과 40대 초반에, 우리는 흔히 행복을 삶에서 더 많은 의미를 찾는 것과 동일시한다. 다른 사람들을 돕기 위해 우리의 시간을 자진하여 제공하는 것이 갑자기 매력적일 수도 있다. 50세와 그 이후의 행복은 우리가 이루어왔던 모든 것을 음미하기 위해 속도를 늦추는 것과 함께 온다. 우리는 과거를 되돌아보며, 우리가 완전히 다른 사람이 된 것처럼 느낄지도 모르지만, 바뀐 것은 단지 무엇이 우리를 행복하게 만드느냐, 즉 우리가 시간을 어떤 방식으로 보내

기를 선호하느냐일 뿐이다.

① 연구는 우리를 행복하게 만드는 것이 우리의 삶 전체에 걸쳐 달라진다고 말한다.

② 20대 중반의 사람들은 그들의 목표를 추구하는 것에서 즐거움을 얻는 경향이 있다.

③ 40대 초반의 사람들은 단순한 즐거움을 위해 의미를 경시하는 경향이 있다.

④ 과거의 업적을 음미하는 데 시간을 보내는 것은 50대 이상의 사람들에게 즐거움을 준다.

어휘

pursue 추구하다   exactly 정확히   psychologist 심리학자
definition 정의   evolve 변하다, 진화하다   thrill 설렘, 흥분   chase 좇다
content 만족하는   take on (일이나 책임 등을) 맡다, 떠맡다
equate A with B A를 B와 동일시하다   joy 행복, 즐거움
appealing 매력적인, 마음을 끄는   slow down 속도를 늦추다
savor 음미하다, 감상하다   look back (과거를) 되돌아보다
derive 얻다, 끌어내다   disregard 경시하다
in favor of ~을 위해, ~을 지지하여   relish 음미하다, 즐기다
accomplishment 업적

18 독해 문장 삽입 난이도 상 ●●●

주어진 문장이 들어갈 위치로 가장 적절한 것은?

> The ability to configure molecular strands in this way opens the door to a whole new world of materials.

> A group of chemists in the UK have accomplished a groundbreaking feat: they have tied the tightest knot known to man. Three molecular strands, each measuring 192 atoms long, were braided together and then crossed eight times to form the knot. (①) The resulting closed loop measures a mere 20 nanometers, or 20 millionths of a millimeter. (②) It will have countless applications in the construction industry, as it will be sturdier than steel. Textiles made of such knots can also be used to manufacture specialized products. (③) To illustrate, Kevlar, a tough, manmade material and a common component of body armor like bulletproof vests, consists of molecular rods that are simply arranged parallel to one another. (④) Actually braiding multiple strands of molecules together and knotting them, however, would result in materials that would be even stronger, lighter, and more flexible than Kevlar.

해설

②번 앞 부분에서 영국의 화학자들은 세 개의 분자 가닥을 함께 묶은 다음 여덟 번 교차시킴으로써 인간에게 알려진 가장 단단한 매듭을 묶는 획기적인 업적을 이루었다고 설명하고 있고, ②번 뒤 문장에서 이것은(It)은 철보다 더 견고할 것이기 때문에 건설업에서 셀 수 없이 많은 응용성을 가질 것이고, 이러한 직물은 특수 제품을 제작하는 데에도 사용될 수 있을 것이라고 설명하고 있으므로, ②번에 분자 가닥을 이러한 방식(in this way)으로 배열하는 능력이 새로운 직물의 세계로 가는 문을 연다는 내용의 주어진 문장이 들어가야 지문이 자연스럽게 연결된다.

해석

영국의 한 화학자 그룹은 인간에게 알려진 가장 단단한 매듭을 묶는 획기적인 업적을 이루었다. 각각이 원자 192개의 길이인 세 개의 분자 가닥이 함께 묶인 다음 매듭을 만들기 위해 여덟 번 교차되었다. 그 결과로 생긴 닫힌 루프는 겨우 20나노미터, 즉 2000만분의 1밀리미터이다. ② 분자 가닥을 이러한 방식으로 배열하는 능력은 완전히 새로운 직물의 세계로 가는 문을 연다. 이것은 철보다 더 견고할 것이기 때문에, 건설업에서 셀 수 없이 많은 응용성을 가질 것이다. 이러한 매듭으로 만든 직물은 특수 제품을 제작하는 데에도 사용될 수 있다. 예를 들면, 튼튼한 인공 물질이자 방탄조끼와 같은 방탄복의 일반적인 구성 요소인 케블라는 단순히 서로 나란하게 배열된 분자 막대로 이루어진다. 하지만, 실제로 많은 분자 가닥을 함께 묶고 매듭 짓는 것이 케블라보다 훨씬 더 강하고, 가볍고, 더 유연한 직물을 가져올 것이다.

어휘

configure 배열하다, 설정하다 molecular 분자의 strand 가닥
groundbreaking 획기적인, 혁신적인 feat 업적, 위업 braid 묶다, 땋다
knot 매듭, 매듭 짓다 measure (치수 등이) ~이다
application 응용성, 적용성 sturdy 견고한, 튼튼한 textile 직물
rod 막대, 가지 parallel 나란한, 평행의

19 독해 빈칸 완성 – 단어 난이도 중 ●●○

밑줄 친 (A), (B)에 들어갈 말로 가장 적절한 것은?

> Tsunamis are large catastrophic waves that create tremendous destruction when they strike the shore. They are generally caused by underwater tectonic activity. When a plate is put under pressure and bulges, then slips, the energy it releases sends a huge wave through the water. This wave pulls water back away from the shore and out toward where the plate slipped. Water levels near the shore ____(A)____ rapidly as part of this "drawback." The water that's pulled away eventually returns to the shore, but unlike typical waves, a tsunami does not break or curl. Instead, it travels as a giant wall of water, so it looks deceivingly like a slowly rising tide. While the impact of a tsunami is limited to coastal areas, the damage is extremely high. For instance, a giant tsunami in the Indian Ocean in 2004 was one of the deadliest natural disasters in history, killing more than 230,000 people. Unfortunately, tsunamis are not very ____(B)____, so many times they catch coastal inhabitants off guard. While there is no way to tell for sure if a tsunami will occur, the drawback can serve as a fairly reliable warning sign. People who observe an unusually large drawback should immediately head for higher ground or seek the upper floors of nearby buildings.

	(A)	(B)
①	decrease	devastating
②	increase	tolerable
③	decrease	predictable
④	increase	limited

해설

(A) 빈칸 앞 문장에서 거대한 파도가 물을 해안으로부터 뒤로 멀어지도록 당긴다고 하고, 빈칸이 있는 문장에서 수위의 변화가 이 '(물의) 후퇴'의 일환이라고 했으므로, (A)에는 수위가 '저하된다(decrease)'는 내용이 들어가야 한다. (B) 빈칸이 있는 문장에서 쓰나미는 여러 번 해안가에 사는 주민들의 허를 찔렀다고 하고, 이어서 빈칸 뒤 문장에서 쓰나미가 발생할지를 확실히 말할 수 있는 방법은 없다고 했으므로, (B)에는 쓰나미는 그다지 '예측할 수 있는(predictable)' 것이 아니라는 내용이 들어가야 한다. 따라서 ③번이 정답이다.

해석

쓰나미는 그것들이 해안을 덮칠 경우 엄청난 파괴를 일으키는 거대하고 파멸적인 파도이다. 그것들은 일반적으로 수중 지각 변동 활동으로 인해 발생한다. 판이 압력을 받아 돌출하고, 미끄러지면, 이것이 발산하는 에너지가 물을 통해 거대한 파도를 전달한다. 이 파도는 물을 해안으로부터 뒤로 멀어지게 하면서 (물을) 그 판이 미끄러졌던 곳으로 당긴다. 이 '(물의) 후퇴'의 일환으로 해안 인근의 수위는 빠르게 (A) 저하된다. 멀어졌던 물은 결국 해안으로 돌아오긴 하지만, 일반적인 파도와는 달리, 쓰나미는 부서지거나 동그랗게 굽어지지 않는다. 대신, 이것은 거대한 물의 장벽처럼 이동해서, 서서히 상승하는 바닷물처럼 보인다. 쓰나미의 영향은 연안 지역으로 제한되지만,

피해는 극심하다. 예를 들어, 2004년에 인도양에서 발생한 거대한 쓰나미는 역사상 가장 치명적인 자연 재해 중 하나였고, 23만 명 이상의 목숨을 앗아갔다. 안타깝게도, 쓰나미는 그다지 (B) 예측할 수 있는 것이 아니어서, 그것들은 여러 번 해안가에 사는 주민들의 허를 찔렀다. 쓰나미가 발생할지를 확실히 말할 수 있는 방법은 없지만, (물의) 후퇴는 꽤 믿을만한 경고 신호의 역할을 할 수 있다. 유난히 큰 규모의 (물의) 후퇴를 목격한 사람들은 즉시 더 높은 지대로 향하거나 인근 건물의 고층으로 가야 한다.

	(A)	(B)
①	저하되다	파괴적인
②	상승하다	참을 수 있는
③	저하되다	예측할 수 있는
④	상승하다	제한된

어휘

tsunami 쓰나미, 지진 해일 **catastrophic** 파멸적인, 큰 피해를 주는 **create** 일으키다, 야기하다 **tremendous** 엄청난, 무시무시한 **strike** 덮치다, 충돌하다 **shore** 해안, 육지 **tectonic** 지각 변동 운동의 **plate** (지구 구조상의) 판 **bulge** 돌출하다, 불룩해지다 **release** 발산하다, 방출하다 **typical** 일반적인, 전형적인 **coastal** 연안의 **deadly** 치명적인, 생명을 앗아가는 **catch off guard** 허를 찌르다 **inhabitant** 주민, 거주자 **reliable** 믿을만한, 의지할 수 있는 **seek** 가다, 향하다 **devastating** 파괴적인 **tolerable** 참을 수 있는 **predictable** 예측할 수 있는

---

20 독해 빈칸 완성 - 구   난이도 상 ●●●

밑줄 친 부분에 들어갈 말로 가장 적절한 것은?

Opportunity costs are the prices we pay, in money or time, that could have been devoted to something else. What we missed out on by diverting our resources are the costs. In the field of economics, there are two different types of costs at play. "Implicit opportunity costs" refer to things that an entity must devote to a task, but don't need to be explicitly budgeted for. These are things like time, infrastructure, and personnel. While they don't need to be paid for directly, they still represent the _____, and therefore act as a cost. On the other hand, "Explicit opportunity costs" are the costs that need to be paid for directly in order to complete an action. These could include the money spent on land, raw materials, or components, among others. Both forms of opportunity costs represent money that a company or other entity has diverted to a task, which could have been spent elsewhere.

① use of an entity's resources
② inventory of a company's goods
③ value of a market's entrance
④ position of stock price

해설

'암묵적 기회 비용'은 독립체가 업무에 할애해야 하지만 명시적으로 예산에 넣을 필요가 없는 것들을 의미하고, 직접적으로 지불되어야 할 필요는 없지만 비용으로 작용하는 것이라고 했으므로, 빈칸에는 암묵적 기회 비용은 여전히 '① 한 독립체의 자원 사용'을 나타낸다는 내용이 들어가야 한다.

해석

'기회 비용'은 우리가 돈이나 시간으로 치르는 대가로, 다른 무언가에 할애될 수 있었던 것이다. 우리의 자원을 다른 곳으로 돌림으로써 우리가 잃는 것이 그 비용이다. 경제학 분야에는, 작용하고 있는 서로 다른 두 종류의 비용이 있다. '암묵적 기회 비용'은 한 독립체가 업무에 할애해야 하지만, 명시적으로 예산에 넣을 필요가 없는 것들을 가리킨다. 이것은 시간, 기반 시설 그리고 인력과 같은 것들이다. 그들은 직접적으로 지불되어야 할 필요는 없지만, 여전히 한 독립체의 자원 사용을 나타내며, 그래서 비용으로 작용한다. 반면에, '명시적 기회 비용'은 어떠한 행위를 완수하기 위해 직접적으로 지불되어야 하는 비용이다. 이는 그 중에서도 부동산, 원자재, 또는 부품들에 지불되는 돈을 포함할 수 있다. 두 가지 형태의 기회 비용 모두 회사나 다른 독립체가 어떤 일에 유용했던 돈을 나타내는데, 이는 다른 곳에 쓰일 수 있었던 것이다.

① 한 독립체의 자원 사용
② 기업 제품의 재고
③ 시장 진입의 가치
④ 주가의 상태

어휘

devote 할애하다, 쏟다 **divert** 다른 곳으로 돌리다, 유용하다 **at play** 작용하는 **implicit** 암묵적인, 내재하는 **refer to** 가리키다, 지시하다 **entity** 독립체 **explicitly** 명시적으로 **infrastructure** 기반 시설 **personnel** 인력 **raw material** 원자재 **component** 부품 **inventory** 재고 **entrance** 진입

실전모의고사 분석 & 셀프 체크

제5회 난이도	중상	제5회 합격선	15 / 20문제	권장 풀이시간	28분
체감 난이도		맞힌 개수	/ 20문제	실제 풀이시간	/ 28분

* 시험지 첫 페이지 QR 코드 스캔을 통해 좀 더 자세한 성적 분석 서비스 사용이 가능합니다.

정답

01	02	03	04	05	06	07	08	09	10
①	③	②	③	②	③	④	④	③	④
11	**12**	**13**	**14**	**15**	**16**	**17**	**18**	**19**	**20**
②	②	②	③	①	④	④	④	③	③

취약영역 분석표

영역	어휘	생활영어	문법	독해	TOTAL
맞힌 답의 개수	/ 4	/ 2	/ 4	/ 10	/ 20

---

01 어휘 dwindle = decline　　　난이도 하 ●○○

밑줄 친 부분의 의미와 가장 가까운 것을 고르시오.

> Recent studies indicate that the variety of animal species throughout the world has dwindled, particularly in areas heavily affected by climate change.
> 감소했다

① declined 감소했다　　　② combined 결합했다

③ thrived 번성했다　　　④ separated 분리됐다

해석

최근 연구들은 전 세계, 특히 기후변화에 크게 영향을 받은 지역들에서 다양한 동물의 종들이 감소해왔다는 것을 나타낸다.

어휘

indicate 나타내다　particularly 특히　climate 기후

이것도 알면 합격!

dwindle(감소하다)과 유사한 의미의 표현
= decrease, shrink, diminish, die out

---

02 어휘 catch on = popularize　　　난이도 중 ●●○

밑줄 친 부분의 의미와 가장 가까운 것을 고르시오.

> After the famous singer started wearing that brand of clothing, it quickly caught on across the country.
> 유행했다

① was discarded 폐기되었다　　② was captured 사로잡혔다

③ was popularized 대중화되었다　④ was recorded 기록되었다

해석

유명한 가수가 그 의류 브랜드를 입기 시작한 후, 그것은 전국적으로 빠르게 유행했다.

어휘

clothing 의류, 옷

이것도 알면 합격!

catch on(유행하다)과 유사한 의미의 표현
= grow popular, become fashionable, become a trend

03 생활영어 I received a notice on my door at home.
난이도 중 ●●○○

두 사람의 대화 중 가장 어색한 것은?

① A: What do you think of the new mayor?
　 B: I think she'll effect the change we need.

② A: Did you notice the way Sam was acting?
　 B: Yeah. I received a notice on my door at home.

③ A: I objected to the new policies at work.
　 B: I think we're all pretty opposed to them.

④ A: I heard your wife adopted a new pet cat.
　 B: It hated me at first, but it's warming up to me.

해설

②번에서 A가 Sam이 어떻게 행동하고 있는지 알아챘냐고 묻고 있으므로, 집 문에 붙어 있던 고지서를 받았다는 B의 대답 '② Yeah. I received a notice on my door at home(네. 저는 집 문에 붙어 있던 고지서를 받았어요)'은 어울리지 않는다.

해석

① A: 새로운 시장에 대해 어떻게 생각하세요?
　 B: 저는 그녀가 우리가 필요로 하는 변화를 가져올 거라고 생각해요.
② A: 당신은 Sam이 어떻게 행동하고 있는지 알아채셨나요?
　 B: 네. 저는 집 문에 붙어 있던 고지서를 받았어요.
③ A: 저는 직장의 새로운 방침에 반대했어요.
　 B: 저는 우리 모두가 그것에 상당히 반대하는 것 같아요.
④ A: 저는 당신의 아내가 새로운 반려묘를 입양했다고 들었어요.
　 B: 고양이가 처음에는 저를 싫어했지만, 제게 호의적이게 되고 있어요.

어휘

mayor 시장　effect (결과를) 가져오다, (목적을) 이루다　object 반대하다
policy 방침, 제도　oppose 반대하다　adopt 입양하다
warm up to 더욱 호의적으로 되다

🔖 이것도 알면 합격!

생각이나 의견을 물어볼 때 사용할 수 있는 표현을 알아두자.

- Did you hear about...?
  ~에 대해 들어봤나요?
- What can you say about...?
  ~에 대해 어떻게 생각하나요?
- What are your thoughts on...?
  ~에 대한 당신의 생각은 무엇인가요?
- What do you think about...?
  ~에 대해 어떻게 생각하나요?
- Do you have any ideas about...?
  ~에 대한 의견이 있으신가요?
- I'd love to hear your opinion on...
  ~에 대한 당신의 의견을 듣고 싶습니다.

04 생활영어 What was wrong with it?
난이도 하 ●○○

밑줄 친 부분에 들어갈 말로 가장 적절한 것은?

> A: Sir, your Internet issues are all taken care of.
> B: Thank you very much! That didn't take long.
> A: It was a minor problem.
> B: _____?
> A: See here? Your settings weren't optimized. If they aren't set properly, your connection will slow down, even if you have high-speed Internet.
> B: Ah. Well, I'm glad it's all resolved.

① What do I owe you
② What should I do next
③ What was wrong with it
④ What took so much time

해설

인터넷 문제가 모두 처리되었다는 A의 말에 B가 That didn't take long(오래 안 걸렸네요)이라고 대답하고, A가 사소한 문제였다고 말한 후 빈칸 뒤에서 다시 A가 Your settings weren't optimized(고객님의 설정이 최적화 되어있지 않았어요)라고 말하고 있으므로, 빈칸에는 '③ 그것은 무엇이 문제였나요(What was wrong with it)'가 들어가야 자연스럽다.

해석

> A: 고객님, 고객님의 인터넷 문제가 모두 처리되었습니다.
> B: 정말 감사해요! 오래 안 걸렸네요.
> A: 사소한 문제였거든요.
> B: 그것은 무엇이 문제였나요?
> A: 여기 보이시죠? 고객님의 설정이 최적화 되어있지 않았어요. 그것이 제대로 설정되지 않으면, 고속 인터넷에 접속해도 연결이 느려질 거예요.
> B: 아. 어쨌든, 모두 해결되어서 기쁘네요.

① 제가 당신께 얼마를 드리면 되나요
② 제가 다음에 무엇을 하면 되나요
③ 그것은 무엇이 문제였나요
④ 무엇이 그렇게 오래 걸렸나요

어휘

take care of ~을 처리하다　optimize 최적화하다　properly 제대로
resolve 해결하다　owe 빚지다

🔖 이것도 알면 합격!

문제가 생긴 상황에서 쓸 수 있는 표현을 알아두자.

- What is the root of the problem?
  문제의 원인이 뭔가요?
- We'd better call maintenance.
  관리실에 전화하는 편이 낫겠어요.
- Could you tell me how this works?
  이것이 어떻게 작동하는지 알려주시겠어요?

05 문법 조동사   난이도 중 ●●○

우리말을 영어로 잘못 옮긴 것을 고르시오.

① 지난달에 출시된 새로운 스마트폰은 잘 판매되고 있다.

→ The new smartphone, **which** was released last month, has been selling well.

② 그는 기한 내에 도서관 책들을 반납했어야 했다.

→ He **could have returned** the library books by the due date.
       → should have returned

③ 그 원예 도구들의 문제는 그것들이 녹슬었다는 것이었다.

→ **The problem** with the garden tools **was** that they were rusted.

④ 그녀가 어제 떠났다면, 오늘 그녀는 이곳에 있지 않을 텐데.

→ If she **had left** yesterday, she **wouldn't be** here today.

해설

② **조동사 관련 표현** '도서관 책들을 반납했어야 했다'는 조동사 관련 표현 should have p.p.(~했어야 했다)를 사용하여 나타낼 수 있으므로, could have returned를 should have returned로 고쳐야 한다. 참고로, could have p.p.는 '~했을 수 있었다 (그런데 그러하지 않았다)'라는 의미이다.

[오답 분석]

① **관계절의 용법** 관계절이 콤마(,) 뒤에서 계속적 용법으로 쓰여 앞에 나온 선행사(The new smartphone)에 대한 부가 설명을 하고, 관계절 내에서 동사(was)의 주어 역할을 하고 있으므로, 주격 관계대명사 which가 올바르게 쓰였다.

③ **주어와 동사의 수 일치** 주어 자리에 단수 명사(The problem)가 왔으므로 단수 동사 was가 올바르게 쓰였다. 참고로, 수식어 거품(with the garden tools)은 동사의 수 결정에 영향을 주지 않는다.

④ **혼합 가정법** '그녀가 어제 떠났다면, 오늘 그녀는 이곳에 있지 않을 텐데'는 과거의 상황을 반대로 가정했을 경우 그 결과가 현재에 영향을 미칠 때 쓰는 혼합 가정법을 사용하여 나타낼 수 있다. 혼합 가정법은 'If + 주어 + had p.p., 주어 + would/should/could/might + 동사원형'의 형태로 나타내므로, If she had left yesterday, she wouldn't be here today가 올바르게 쓰였다.

어휘

release 출시하다   by the due date 기한 내에   rust 녹슬다

🔖 **이것도 알면 합격!**

조동사 관련 표현을 알아두자.

- cannot[couldn't] have p.p. ~했을 리가 없다
- must have p.p. ~했었음에 틀림없다
- may[might] have p.p. ~했을지 모른다
- could have p.p. ~했을 수 있었다 (그런데 그러하지 않았다)
- should have p.p. ~했었어야 했다 (그런데 그러하지 않았다)
- ought to have p.p. ~했었어야 했다 (그런데 그러하지 않았다)

---

06 문법 시제   난이도 중 ●●○

우리말을 영어로 잘못 옮긴 것을 고르시오.

① 지난밤의 테니스 경기는 내가 지금까지 본 어떤 스포츠 경기보다 더 흥미로웠다.

→ The tennis match last night was **more exciting than any other** sporting event I've seen.

② 많은 사람들이 생각하는 것과 달리, 많은 돈을 가지는 것이 항상 행복으로 이어지는 것은 아니다.

→ **Unlike what many people think**, having a lot of money does not always lead to happiness.

③ 내게 시간이 있다면 나는 다음 달에 자동차 여행을 떠날 것이다.

→ I will go on a road trip next month, if I'**ll have** time.
       → have

④ 적금을 그에게 필요하지 않은 쓸모없는 것에 써버린 그 남자는 가난하다.

→ **Impoverished is the man** who has spent his life savings on useless things for which he has no need.

해설

③ **현재 시제** 조건을 나타내는 부사절(if I ~ time)에서는 미래를 나타내기 위해 미래 시제 대신 현재 시제를 사용하므로 미래 시제 will have를 현재 시제 have로 고쳐야 한다.

[오답 분석]

① **비교급 형태로 최상급 의미를 만드는 표현** '지금까지 본 어떤 스포츠 경기보다 더 흥미로웠다'는 비교급 형태로 최상급 의미를 만드는 표현 '비교급 + than any other + 단수 명사'(다른 어떤 -보다 더 ~한)의 형태를 사용하여 나타낼 수 있으므로 more exciting than any other sporting event가 올바르게 쓰였다.

② **명사절 접속사 3: 의문사** 목적어가 없는 불완전한 절(many people think)을 이끌며 전치사(Unlike)의 목적어 자리에 올 수 있는 것은 명사절 접속사 what이므로 Unlike what many people think가 올바르게 쓰였다.

④ **도치 구문: 기타 도치** 분사 보어(Impoverished)가 강조되어 문장의 맨 앞에 나오면 주어와 동사가 도치되어 '동사(is) + 주어(the man)'의 어순이 되므로 Impoverished is the man이 올바르게 쓰였다.

어휘

match 경기   sporting event 스포츠 경기   road trip 자동차 여행
impoverish 가난하게 하다   life savings (노후의) 적금

🔖 **이것도 알면 합격!**

명사절로 쓰인 접속사절에서는 when이나 if가 쓰였더라도 미래 시제를 그대로 사용한다는 것을 알아두자.

ex I wonder if Saturday's event ~~is pushing through~~.
           (→ will push through)
나는 토요일 행사가 강행될 지 궁금하다.

07 문법 분사　　　　　　　　　　　　　난이도 중 ●●○

밑줄 친 부분 중 어법상 옳지 않은 것을 고르시오.

While political views tend to lean left or right, many are calling the polarization of politics ① a threat to democracy. In the past, the majority of ② what people disagreed on were issues like economic policies and approaches to problems that ③ affect everyone. However, many people today want legislation that favors their side, often at the cost of the other, and this ④ dividing two-party system is likely to worsen.
→ divided

해설

④ **현재분사 vs. 과거분사**　수식받는 명사(two-party system)와 분사가 '양대 정당 제도가 분열되다'라는 의미의 수동 관계이므로 현재분사 dividing을 과거분사 divided로 고쳐야 한다.

[오답 분석]

① **5형식 동사 | 보어 자리**　동사 call은 '~을 –라고 간주하다'라는 뜻으로 쓰일 때 목적어(the polarization of politics)와 목적격 보어를 취하는 5형식 동사인데, 보어 자리에는 명사나 형용사 역할을 하는 것이 올 수 있으므로 명사 a threat이 올바르게 쓰였다.

② **명사절 접속사 3: 의문사**　전치사의 목적어가 없는 불완전한 절(people disagreed on)을 이끌면서 전치사(of)의 목적어 자리에 올 수 있는 명사절 접속사 what이 올바르게 쓰였다.

③ **주격 관계절의 수 일치**　주격 관계절(that affect everyone)의 동사는 선행사(problems)에 수 일치시켜야 하는데, 선행사가 복수 명사 problems이므로 복수 동사 affect가 올바르게 쓰였다.

해석

정치관은 좌익 또는 우익으로 기우는 경향이 있지만, 많은 사람들은 정치의 양극화를 민주주의에 대한 위협이라고 간주한다. 과거에, 사람들이 의견을 달리한 것의 대부분은 경제 정책과 모든 사람에게 영향을 미치는 문제에 대한 접근 방법과 같은 사안들이었다. 하지만, 오늘날의 많은 사람들은 종종 다른 편을 희생시키면서 그들의 편에 유리한 법안을 원하고, 이렇게 분열된 양대 정당 제도는 악화될 가능성이 있다.

어휘

left 좌익의　right 우익의　call ~을 –라고 간주하다　polarization 양극화
democracy 민주주의　disagree 의견을 달리하다　legislation 법안
favor ~에 유리하다, ~에 알맞다　at the cost of ~을 희생하여
worsen 악화되다

이것도 알면 합격!

관계절 앞에 명사가 여러 개 있는 경우, 무엇이 선행사인지 파악하여 관계절 내 동사의 수를 결정해야 한다는 것을 알아두자.

(ex) My friends know the dancer who perform (→ performs) at
　　　　　　　　　선행사(단수)　　　　　　　단수 동사
the birthday party.
내 친구들은 그 생일파티에서 공연하는 댄서를 안다.

08 문법 대명사　　　　　　　　　　　　난이도 상 ●●●

밑줄 친 부분 중 어법상 옳지 않은 것을 고르시오.

Morals are not objectively good or bad nor are they expressed in absolute terms, but are rather defined by the culture and era ① in which people live. A society tends to agree upon morals when the behavior outlined in them ② proves to be of benefit to society as a whole. Thus, while various societies throughout time are inclined to share certain moral values, such as the need to outlaw murder, ethical principles differ ③ based on the needs and makeup of each society. For example, some societies value free speech and encourage citizens to say what they want, while ④ the other may find certain forms of speech threatening and create laws forbidding them.
→ others

해설

④ **부정대명사: other**　문맥상 '어떤 사회는 ~ 장려하는 반면, 다른 사회들은 ~ 법을 만들 수도 있다'는 의미가 되어야 자연스러우므로 '정해진 것 중 남은 것 전부'라는 의미의 부정대명사 the other을 '이미 언급한 것 이외의 것들 중 몇몇'이라는 의미의 부정대명사 others로 고쳐야 한다. 참고로, the others는 '(정해진 것 중) 남은 것 전부'를 나타내는 대명사이므로 해당 문장에서의 societies와 같이 범위가 특정되지 않은 명사를 대신해서는 사용할 수 없다.

[오답 분석]

① **전치사 + 관계대명사**　관계사 뒤에 완전한 절(people live)이 왔으므로 '전치사 + 관계대명사' 형태가 올 수 있다. '전치사 + 관계대명사'에서 전치사는 선행사 또는 관계절의 동사에 따라 결정되는데, 문맥상 '사람들이 문화와 시대에 살다'라는 의미가 되어야 자연스러우므로 전치사 in(~에)이 관계대명사 which 앞에 와서 in which가 올바르게 쓰였다.

② **to 부정사를 취하는 동사**　동사 prove는 to 부정사를 주격 보어로 취할 수 있는 동사이므로 보어 자리에 to 부정사 to be가 올바르게 쓰였다.

③ **숙어 표현**　문맥상 '각 사회의 필요와 구조를 바탕으로 윤리적인 원칙은 서로 다르다'는 의미가 되어야 자연스러우므로, 과거분사 형태로 쓰이는 숙어 표현 'based on'(~을 바탕으로)이 올바르게 쓰였다.

해석

도덕은 객관적으로 좋거나 나쁜 것이 아니고, 그것들은 절대적인 용어로 표현되지도 않으며, 오히려 사람들이 사는 문화와 시대에 의해 정의된다. 사회는 도덕에서 기술되는 행동이 사회 전체에 이익이 된다고 입증되면 그것에 대해 의견을 같이하는 경향이 있다. 따라서, 여러 시대에 걸쳐 다양한 사회가 살인을 금지할 필요성과 같은 특정한 도덕적 가치를 공유하는 경향이 있기는 하지만, 각 사회의 필요와 구조를 바탕으로 윤리적인 원칙은 서로 다르다. 예를 들어, 어떤 사회는 언론의 자유를 존중하고 시민들에게 그들이 원하는 것을 말하라고 장려하는 반면, 다른 사회들은 특정한 형식의 발언이 위협적이라고 생각하며 이것들을 금지하는 법을 만들 수도 있다.

어휘

morals 도덕　objectively 객관적으로　era 시대　outline 기술하다, 약술하다
outlaw 금지하다, 불법화하다　makeup 구조, 성질　free speech 언론의 자유
forbid 금지하다

each other, one another는 '서로서로'라는 뜻으로 쓰인다는 것을 알아두자.

ex We should treat one another with kindness and respect.
우리는 서로를 다정함과 존중을 가지고 대해야 한다.

09 독해 제목 파악　　난이도 중 ●●○

다음 글의 제목으로 가장 적절한 것은?

Biodegradation is the breakdown of materials due to exposure to oxygen, microorganisms, or other means. Technically speaking, every known substance is susceptible to biodegradation, but the term is applied to those with relatively rapid rates in contrast to those that take a long time to decompose. For example, a typical paper bag left to the natural elements will decompose in roughly a month, whereas a plastic bag can last decades. While these are well-known examples, what's less understood is the slow rate of food decomposition. Fruits are thought to be biodegradable based on our personal observation of their gradual rot, and therefore we assume they are safe to dispose of in the woods or such. However, while this is true of the parts of fruit we consume, orange peels and banana skins can take up to two years to decompose. Fruit grows with such protective exteriors for the very purpose of prolonging its biodegradability.

① Making Plastic Safer for the Environment
② Switching from Plastic to Paper Bags
③ Different Materials' Rates of Decomposition
④ Methods to Speed Up Biodegradability

해설
지문 전반에 걸쳐 종이 봉지는 대략 한 달 후에 분해될 것이지만 비닐 봉지는 수 십 년 동안 없어지지 않을 수 있다고 하고, 과일에서 우리가 먹는 부분은 점진적으로 부패하지만 껍질 부분은 분해하는 데 2년까지 걸릴 수 있다고 언급하며 물질들의 분해 속도가 서로 다르다는 것을 설명하고 있으므로, '③ 서로 다른 물질들의 분해 속도'가 이 글의 제목이다.

해석
생물 분해는 산소, 미생물 또는 다른 매체로의 노출로 인한 물질의 분해이다. 엄밀히 말해서, 알려져 있는 모든 물질은 생물 분해의 영향을 받기 쉽지만, 이 용어는 분해되는 데 오랜 시간이 걸리는 것들과 다르게 상대적으로 빠른 속도로 분해되는 물질에 적용된다. 예를 들어, 자연 환경에 버려진 일반적인 종이 봉지는 대략 한 달 후에 분해될 것이지만, 비닐 봉지는 수 십 년 동안 없어지지 않을 수 있다. 이것들이 잘 알려진 표본이라고는 해도, 잘 이해되지 않는 것은 음식물 분해의 느린 속도이다. 과일의 점진적인 부패에 대한 우리의 개인적인 관찰에 근거하여 그들은 생물 분해성이 있다고 여겨지며, 그래서 우리는 그것들이 숲과 같은 곳에 폐기되는 것이 안전하다고 생각한다. 하

지만, 이것은 과일에서 우리가 먹는 부분에는 적용되지만, 오렌지 껍질과 바나나 껍질은 분해하는 데 2년까지 걸릴 수 있다. 과일은 그것의 생물 분해성을 연장시키려는 바로 그 목적을 위해 그러한 보호용 외면을 가지고 자란다.

① 환경을 위해 플라스틱을 더 안전하게 만들기
② 비닐 봉지에서 종이 봉지로의 전환
③ 서로 다른 물질들의 분해 속도
④ 생물 분해성을 가속화하는 방법

어휘
biodegradation 생물 분해　breakdown 분해, 고장　exposure 노출
microorganism 미생물　means 매체, 수단
technically speaking 엄밀히 말해서　substance 물질
susceptible to ~의 영향을 받기 쉬운, 민감한　relatively 상대적으로
decompose 분해되다, 부패하다　element 환경　roughly 대략
last 없어지지 않다, 상하지 않다　gradual 점진적인　rot 부패
assume 생각하다, 추측하다　consume 먹다, 소비하다　peel 껍질
protective 보호용, 보호하는　exterior 외면, 외부　prolong 연장시키다

10 독해 요지 파악　　난이도 중 ●●○

다음 글의 요지로 가장 적절한 것은?

A documentary filmmaker was interviewing factory workers around the country to shed light on the monotonous nature of their jobs. Upon arriving at a biscuit factory, he began speaking with an employee working on an assembly line. He asked her what she did and how long she had been working there. "For the last 15 years, my job has been to take the biscuits off the conveyor belt and put them into those cardboard boxes," she replied. The filmmaker asked her whether she enjoyed it. "I sure do!" exclaimed the woman enthusiastically. "I love my coworkers, and everyone has a good time." The filmmaker was incredulous. "Really? I think I'd fall asleep doing the same thing day in and day out. Don't you get bored?" he asked. Smiling broadly, the woman answered, "Not at all. Sometimes they change the type of biscuits I pack!"

① Job satisfaction creates different positive experiences.
② Take your time when communicating with your coworkers.
③ Those who do not feel job pressure are the happiest.
④ People can find job satisfaction no matter the circumstances.

해설
지문 전반에 걸쳐 한 다큐멘터리 영화 제작자가 공장 업무의 단조로운 특성을 밝히기 위해 공장에서 일하는 한 근로자와 인터뷰를 했는데, 그녀는 15년 동안 비스킷을 상자에 넣는 일을 했지만 동료들과 즐겁게 일을 하고 있으며, 가끔 공장에서 그녀가 포장하는 비스킷의 종류를 바꿔주기 때문에 일이 지루하지 않다고 말했다는 일화를 언급하고 있으므로, '④ 사람들은 환경과 상관없이 업무 만족감을 느낄 수 있다'가 이 글의 요지이다.

해석

한 다큐멘터리 영화 제작자는 그들(공장 노동자들)의 업무의 단조로운 특성을 밝히기 위해 전국의 공장 노동자들을 인터뷰하고 있었다. 한 비스킷 공장에 도착하자마자, 그는 조립 라인에서 일하는 한 근로자와 이야기하기 시작했다. 그는 그녀가 그곳에서 무엇을 했고 얼마나 오랫동안 일하고 있는지 물어보았다. 그녀는 "지난 15년 동안, 제 업무는 컨베이어 벨트에서 비스킷을 집어서 저 종이 상자에 넣는 것이었어요."라고 대답했다. 영화 제작자는 그녀가 그것을 즐거워하는지 물었다. 그 여자는 "물론 즐겁죠!"라며 열광적으로 소리쳤다. "저는 제 동료들을 매우 좋아하고, 모두가 즐거운 시간을 보내요." 영화 제작자는 쉽사리 믿지 않았다. 그는 "정말입니까? 저는 매일매일 똑같은 일을 하면 잠이 들 것 같은데요. 지루하지는 않은가요?"라고 물었다. 활짝 웃으며, 그녀는 "전혀 그렇지 않아요. 가끔 그들은 제가 포장하는 비스킷의 종류를 바꿔줘요!"라고 대답했다.

① 업무 만족감은 다양한 긍정적인 경험을 만들어낸다.
② 당신의 동료들과 의사 소통할 때 여유를 가져라.
③ 업무 압박을 느끼지 않는 사람들이 가장 행복하다.
④ 사람들은 환경과 상관없이 업무 만족감을 느낄 수 있다.

어휘

shed light on ~을 밝히다, 해명하다 **monotonous** 단조로운
assembly line 조립 라인 **cardboard box** 종이 상자 **exclaim** 소리치다
enthusiastically 열광적으로 **coworker** 동료
incredulous 쉽사리 믿지 않는 **day in and day out** 매일매일
broadly 활짝 **pack** 포장하다, 싸다 **satisfaction** 만족감 **pressure** 압박
circumstance 환경, 상황

구문분석

[3행] Upon arriving / at a biscuit factory, / he began speaking / with an employee / working on assembly line.
: 이처럼 upon -ing 형태가 쓰인 경우, '~하자마자'라고 해석한다.

11　독해 내용 불일치 파악　　　난이도 하 ●○○

다음 글의 내용과 일치하지 않는 것은?

Though they are not always credited on screen, stand-ins have an important part to play in movie production. Before scenes are shot, stand-ins take an actor's place on the set ①so that the staff can visualize how the actor will appear on film. This permits directors to make technical decisions ahead of time, such as how to light a scene or where to position cameras. Accordingly, selecting stand-ins who share ③physical attributes with the actors they are substituting is an important part of this process. In some cases, stand-ins have also served as ④actors' stunt doubles.

* stand-in: (영화 배우의) 대역

① 스태프는 대역을 통해 영화 속 배우의 모습을 시각화한다.
② 대역은 촬영 현장에서 기술적인 결정을 내릴 수 있다.
③ 대역은 배우와 신체적 특징이 비슷해서 선택되기도 한다.
④ 스턴트 연기에서 대역은 배우를 대신하여 연기한다.

해설

지문 중간에서 대역들은 감독들이 조명을 비추는 방식이나 카메라의 위치와 같은 기술적인 결정을 미리 내릴 수 있게 해준다고 했으므로, '② 대역은 촬영 현장에서 기술적인 결정을 내릴 수 있다'는 것은 지문의 내용과 일치하지 않는다.

해석

그들(대역)은 언제나 화면에 그 이름이 언급되는 것은 아니지만, 대역은 영화 제작에서 중요한 부분을 담당한다. 장면들이 촬영되기 전에, 대역들은 배우가 영화에서 어떻게 보일지를 스태프들이 시각화할 수 있도록 세트장에서 배우의 자리를 대신한다. 이는 감독들이 장면에 어떻게 조명을 비출지 또는 카메라를 어디에 둘지와 같은 기술적인 결정을 미리 내릴 수 있도록 해준다. 그러므로, 그들이 대신할 배우들과 같은 신체적 특징을 갖는 대역들을 선택하는 것은 이 과정의 중요한 부분이다. 어떤 경우에는, 대역들이 배우들의 스턴트 대역을 하기도 했다.

어휘

credit 이름을 언급하다 **take one's place** ~의 자리를 대신하다
visualize 시각화하다, 상상하다 **permit** ~하게 하다, 허용하다
technical 기술의 **ahead of time** 미리, 시간 전에 **share** 같은 ~을 갖다
attribute 특징, 자질 **substitute** 대신하다 **stunt** 스턴트, 곡예
double 대역, 대역 배우

12 독해 무관한 문장 삭제   난이도 중 ●●○

밑줄 친 부분 중 글의 흐름상 가장 어색한 것은?

Corals are marine invertebrates that live in compact colonies. They are dependent on tiny algae that live within their tissues for nourishment as well as for their brilliant colors. ① If, however, the surrounding waters become difficult to survive in due to pollution or other environmental stressors, the algae leave. ② In a mutualistic relationship, as in the case of corals and their algae, both species benefit from the interaction. ③ The colonies will lose their color as a result, often turning white, and become more vulnerable to disease. ④ In time, the entire coral ecosystem suffers and runs the risk of collapse. Because the coral structures serve as food sources and habitats for other species, the interaction between coral and algae is vital to the overall health of marine environments.

해설

지문 처음에서 해양 무척추동물인 산호는 화려한 색상과 영양분 때문에 조류에 의존한다고 한 뒤, ①번에서 주변의 바다가 생존하기에 어려워지면 조류가 떠난다고 하고, ③, ④번에서 조류가 떠남에 따라 산호에 미치는 부정적인 영향에 대해 설명하고 있다. 그러나 ②번은 산호와 그것들의 조류의 경우와 같은 공생 관계에서는 두 종 모두 그 상호작용으로부터 이익을 얻는다는 내용으로, 조류가 사라지는 것이 산호 생태계에 미치는 부정적 영향에 대한 내용과 관련이 없다.

해석

산호들은 조밀한 집단에서 서식하는 해양 무척추동물이다. 그것들(산호들)은 그것들의 화려한 색상뿐만 아니라 영양분 때문에 그들의 조직 내에 사는 작은 조류에 의존한다. ① 하지만, 만약 주변의 바다가 오염이나 다른 환경적 스트레스 요인으로 인해 생존하기에 어려워지면, 그 조류는 떠난다. ② 산호와 그것들의 조류의 경우와 같은 공생 관계에서, 두 종 모두 그 상호작용으로부터 이익을 얻는다. ③ 그 결과 그 집단들은 그것들의 색을 잃고 가끔은 하얗게 되며, 부패에 더욱 취약해질 것이다. ④ 이윽고, 전체 산호 생태계가 피해를 입고 붕괴될 위험에 처하게 된다. 이 산호 조직은 다른 종들을 위한 식량 자원과 서식지 역할을 하기 때문에, 산호와 조류 사이의 상호작용은 전반적인 해양 환경의 안정에 중요하다.

어휘

coral 산호   invertebrate 무척추동물   compact 조밀한
colony 집단, 군체   algae 조류, 해조   nourishment 영양분
stressor 스트레스 요인   mutualistic 공생의, 상호 부조의
interaction 상호작용   vulnerable 취약한   disease 부패, 변질
in time 이윽고   run the risk (~을 하게 될) 위험에 처하다
collapse 붕괴, 파멸   serve as ~의 역할을 하다   be vital to ~에 중요하다

---

13 독해 주제 파악   난이도 중 ●●○

다음 글의 주제로 가장 적절한 것은?

When public smoking bans were instituted across the United Kingdom in 2007, many were opposed to them. They feared that smokers who could not have a cigarette in public would indulge more at home, increasing their children's exposure to secondhand smoke and putting them at risk for smoking-related illnesses. The evidence that has been gathered since then has proven these fears unfounded. A study in Scotland recorded a 15 percent decline in hospital admissions of asthmatic children following the ban. Premature births, which can be caused by exposure to secondhand smoke, also underwent a 10 percent decrease after the passing of laws making public places smoke-free. Experts say that the bans have made smokers more cognizant of the negative effects on health of secondhand smoke and compelled them to be more protective of those around them. This has led to an overall decrease in smoking in private spaces like homes and vehicles, and positive outcomes for people's health. Now, nations that have not yet outlawed public smoking are starting to follow the UK's lead and introduce similar measures.

① Public Approval of UK Smoking Bans
② Smoking Bans' Impact on Nonsmokers' Health
③ The Recent Drop in Children's Asthma
④ The Debate over Smoking Restrictions

해설

지문 마지막에서 공공장소 흡연 금지법이 시행된 이후 흡연자들이 건강에 대한 간접 흡연의 부정적 효과를 더 인식하게 되어 주변 사람들을 더 보호하게 되었고, 이는 사람들의 건강에 긍정적인 결과를 가져왔다는 것을 설명하고 있으므로, '② 흡연 금지법이 비흡연자들의 건강에 미치는 영향'이 이 글의 주제이다.

해석

2007년에 영국 전역에서 공공장소 흡연 금지법이 시행되었을 때, 많은 사람들이 그것에 반대했다. 그들은 공공장소에서 담배를 피울 수 없는 흡연자들이 집에서 더욱 실컷 담배를 피우고, 이것이 아이들의 간접 흡연에 대한 노출을 증가시켜 그들을 흡연 관련 질병의 위험에 빠뜨릴 것이라고 우려했다. 그때 이후로 수집된 증거는 이러한 우려가 사실무근이라는 것을 입증했다. 스코틀랜드의 한 연구는 금지법의 결과로 천식에 걸린 아이들의 병원 입원이 15퍼센트 감소했다는 것을 보여주었다. 간접 흡연에 대한 노출로 인해 발생될 수 있는 조산 또한 공공장소를 담배 연기가 없도록 만드는 이 법이 통과된 이후 10퍼센트 감소했다. 전문가들은 금지법이 흡연자들이 건강에 대한 간접 흡연의 부정적인 효과를 더 인식하도록 만들었고 그들 주변의 사람들을 더욱 보호하도록 만들었다고 말한다. 이것은 집이나 자동차 같이 사적인 공간 내 흡연의 전반적인 감소와, 사람들의 건강에 있어서의 긍정적인 결과로 이어졌다. 현재, 공공장소에서의 흡연을 아직 금지하지 않은 국가들은 영국의 선례를 따르고 비슷한 정책을 도입하기 시작하고 있다.

① 영국의 흡연 금지법에 대한 대중의 찬성
② 흡연 금지법이 비흡연자들의 건강에 미치는 영향
③ 최근 아동 천식의 감소
④ 흡연 제한에 대한 논의

어휘

institute 시행하다, 도입하다 be opposed to ~에 반대하다
cigarette 담배 indulge 마음껏 하다 exposure 노출
secondhand 간접의 unfounded 사실무근의 admission 입원
asthmatic 천식에 걸린 premature birth 조산
smoke-free 담배 연기가 없는 cognizant 인식한, 깨달은
compel ~하게 만들다 protective of ~를 보호하는 outlaw 금지하다
lead 선례, 본보기 measure 정책, 조치 approval 찬성
restriction 제한, 규제

---

14 어휘 tenacious = persistent   난이도 중 ●●○

밑줄 친 부분의 의미와 가장 가까운 것을 고르시오.

The <u>tenacious</u> downward trend in the stock market that
began after tax rates were increased has lasted for over six
weeks.

① inevitable 불가피한   ② current 현재의
③ persistent 지속하는   ④ distinctive 눈에 띄는

해석

세율이 인상된 이후에 시작된 주식 시장에서의 <u>지속적인</u> 하락세는 6주 이
상 계속되었다.

어휘

downward trend 하락세 stock market 주식 시장 tax rate 세율
last 계속되다

이것도 알면 합격!

tenacious(지속적인)의 유의어
= relentless, stubborn, resolute, steady

---

15 어휘 contemplate = look at   난이도 상 ●●●

밑줄 친 부분의 의미와 가장 가까운 것을 고르시오.

The company will <u>contemplate</u> giving employees a
monthly transportation allowance.

① look at ~을 (자세히) 검토하다   ② look on 구경하다
③ look for ~을 찾다   ④ look up 올려다보다

해석

그 회사는 직원들에게 매달 교통비를 지급하는 것을 <u>심사숙고할</u> 것이다.

어휘

monthly 매달의 transportation 교통 allowance 비용

이것도 알면 합격!

contemplate(심사숙고하다)와 유사한 의미의 표현
= consider, weigh, think about, ponder

---

16 독해 빈칸 완성 - 연결어   난이도 중 ●●○

밑줄 친 (A), (B)에 들어갈 말로 가장 적절한 것은?

Salvador Dali was an artist who captured attention with
surrealist imagery. Dali may be best-known for his
paintings and sculptures, but his contribution to film is
nearly as prestigious. His surrealist view was a fresh new
voice in independent cinema. Some of his works featured
graphic scenes, such as the simulated slashing of eyes,
while others had dreamlike qualities, in which images
would follow one another in an illogical sequence. The
daring pictures, _____(A)_____, were not received warmly
by everyone. Objectors would stage protests at some of
his showings. They claimed the content in his movies was
repulsive and corrupt. _____(B)_____, some of the greatest
directors still chose to work with Dali because of his
unique vision. He collaborated with masters such as Alfred
Hitchcock, Luis Bunuel, and even Walt Disney.

(A)	(B)
① accordingly	Therefore
② similarly	For instance
③ moreover	In other words
④ however	Despite this

해설

(A) 빈칸 앞 부분은 달리가 영화에도 크게 기여했으며 그의 초현실주의
관점은 독립 영화에서 참신하면서 새로운 표현이었다고 설명하는 내용이
고, 빈칸 뒤 문장은 그 대담한 영상들이 모든 사람에게 따뜻하게 받아들여
지지 않았다는 대조적인 내용이므로, (A)에는 대조를 나타내는 연결어인

however(하지만)가 들어가야 한다. (B) 빈칸 앞 문장은 반대자들은 영화의 내용이 역겹고 타락했다고 주장했다는 내용이고, 빈칸 뒤 문장은 몇몇의 가장 위대한 감독들은 여전히 달리와 함께 작업하기를 선택했다는 양보적인 내용이므로, (B)에는 양보를 나타내는 연결어인 Despite this(그럼에도 불구하고)가 들어가야 한다. 따라서 ④번이 정답이다.

해석

살바도르 달리는 초현실주의 이미지로 이목을 끈 예술가였다. 달리는 아마 그의 그림과 조각품으로 가장 잘 알려져 있을 수도 있지만, 영화에 대한 그의 기여도 거의 그만큼 유명하다. 그의 초현실주의 관점은 독립 영화에서 참신하면서 새로운 표현이었다. 그의 몇몇 작품들은 눈을 난도질하는 척 하는 것과 같은 생생한 장면들이 특징인 동시에 다른 것들은 비현실적인 성격들을 갖고 있었는데, 그 안에서 영상들은 비논리적인 순서로 서로의 뒤를 잇는다. (A) 하지만, 그 대담한 영상들은 모든 사람에게 따뜻하게 받아들여지지는 않았다. 반대자들은 그의 몇몇 상연회에서 시위를 벌이곤 했다. 그들은 그의 영화의 내용이 역겹고 타락했다고 주장했다. (B) 그럼에도 불구하고, 몇몇의 가장 위대한 감독들은 그의 독특한 시각 때문에 여전히 달리와 함께 작업하기를 선택했다. 그는 알프레드 히치콕, 루이스 부뉴엘, 그리고 심지어 월트 디즈니와 같은 거장들과 합작했다.

	(A)	(B)
①	따라서	그러므로
②	이와 같이	예를 들어
③	게다가	다시 말해서
④	하지만	그럼에도 불구하고

어휘

surrealist 초현실주의의 sculpture 조각품 contribution 기여
prestigious 유명한, 명망 있는 voice 표현 graphic 생생한
simulated ~하는 척 하는 slashing 난도질하는 dreamlike 비현실적인
follow 뒤를 잇다 illogical 비논리적인 sequence 순서, 차례
daring 대담한 picture 영상, 영화 stage 벌이다, 전개하다 protest 시위
repulsive 역겨운 corrupt 타락한, 부패한 vision 시각
collaborate 합작하다 master 거장

---

17 독해 문장 삽입 난이도 중 ●●○

주어진 문장이 들어갈 위치로 가장 적절한 것은?

The spit not only prevents the blood from clotting so the insect can drink it, but it also contains a mild anesthetic that stops you from feeling anything.

Mosquitoes are one of the most annoying pests we put up with during the summer months, and everyone is bound to get bitten at least once. (①) But sometimes when we get bitten, we find that it doesn't itch, only to discover ourselves scratching the bite days later. (②) This delayed reaction to mosquito bites is actually quite a common phenomenon. (③) When a mosquito begins to feed on your blood, it first injects saliva in the surrounding area. (④) Sometimes the numbing sensation only lasts for a few minutes, but a lot of the time it wears off only after several days. That is when you feel the terrible aftereffect: an itchy, red bump that seems to have appeared out of nowhere.

해설

④번 앞 문장에 모기가 피를 먹기 시작할 때 먼저 주변 부분에 침을 주입한다는 내용이 있고, ④번 뒤 문장에 마비시키는 감각은 대체로 수일 후에나 사라진다는 내용이 있으므로, ④번에 그 침(The spit)은 피가 응고되는 것을 막을 뿐만 아니라 약한 마취제도 포함하고 있다고 설명하는 내용의 주어진 문장이 들어가야 지문이 자연스럽게 연결된다.

해석

모기는 우리가 여름철 동안 참아내는 가장 짜증스러운 해충 중 하나이고, 다들 적어도 한 번은 반드시 물린다. 하지만 때때로 우리가 물렸을 때 그것이 가렵지 않다고 생각하는데, 결국 며칠 뒤에 물린 상처를 긁는 자신을 발견한다. 모기에 물린 것에 대한 이 지체된 반응은 실제로 꽤 흔한 현상이다. 모기가 당신의 피를 먹기 시작할 때, 그것은 먼저 주변 부분에 그것의 침을 주입한다. ④ 그 침은 그 곤충이 그것(피)을 마실 수 있도록 피가 응고되는 것을 막을 뿐만 아니라, 당신이 어떤 것도 느끼지 못하게 하는 약한 마취제도 포함하고 있다. 때때로 마비시키는 감각은 몇 분 동안만 지속되지만, 대체로 그것은 수일 후에나 사라진다. 그때가 당신이 끔찍한 후유증을 느끼는 때인데, 그것은 어디선가 갑자기 나타난 것처럼 보이는 가렵고 붉은 혹이다.

어휘

spit 침 clot 응고하다 anesthetic 마취제 pest 해충
put up with ~을 참다, 받아들이다 be bound to 반드시 ~하다
itch 가렵다 phenomenon 현상 inject 주입하다 saliva 침, 타액
surrounding 주변의 numbing 마비시키는 sensation 감각, 느낌
a lot of the time 대체로 wear off 사라지다, 없어지다
aftereffect 후유증, 여파 bump 혹, 충돌 out of nowhere 어디선가 갑자기

18 독해 빈칸 완성 – 절   난이도 상 ●●●

밑줄 친 부분에 들어갈 말로 가장 적절한 것은?

The development of rapid transit has hit a plateau in the last few decades. Until recently, _____ _____.
These aspects were of little concern in the development of more traditional modes of transport, but they are chief limitations when moving at super high speeds. However, Elon Musk, a tech entrepreneur, seems to have found solutions for them, which he proposed in 2013. To bypass friction problems, the Hyperloop, Musk's conceptual high-speed passenger train capable of traveling at 970 kilometers per hour and reaching a maximum speed of 1,220 kilometers per hour, would use special technology to eliminate the need for wheels: the individual passenger pods would float on a thin layer of air. In addition, air resistance would be minimal because the pods would be sent through a steel tube kept in a partial vacuum, which would allow them to effortlessly glide through most of the journey.

① there were no existing safety measures that could account for such rapid speeds
② passengers have voiced their concerns about the ticket price for the transportation system
③ such systems have been dismissed by critics who think they would be too costly to construct
④ advances in high-speed rail have been hindered by issues with friction and air resistance

해설
지문 중간에서 '하이퍼루프'를 처음으로 제안한 일론 머스크가 마찰과 공기 저항 문제에 대한 해결책을 제시했다고 하고, 이어서 마찰과 공기 저항의 문제를 해결할 수 있는 방법에 대해 설명하고 있으므로, 빈칸에는 '④ 고속철도의 발전은 마찰과 공기 저항의 문제로 인해 지장을 받아왔다'는 내용이 들어가야 한다.

해석
지난 몇 십 년 동안, 고속여객 수송의 발전은 정체기에 이르러 왔다. 최근까지, 고속철도의 발전은 마찰과 공기 저항의 문제로 인해 지장을 받아왔다. 이러한 측면은 더 전통적인 수송 방식의 발전에서는 거의 우려되지 않았지만, 초고속으로 이동할 때 그것들은 주요한 제약 사항이다. 그러나, 기술 창업가인 일론 머스크는 그것들의 해결책을 찾은 것 같았고, 그는 2013년에 그것을 제시했다. 마찰 문제를 뛰어넘기 위해, 시속 970킬로미터로 이동할 수 있고 최대 시속 1,220킬로미터에 도달할 수 있는, 머스크의 개념상의 고속 승객 열차인 '하이퍼루프'는 바퀴의 필요성을 없애는 특별한 기술을 사용할 것이다. 즉, 각 객차는 얇은 공기 층 위에 떠 있을 것이다. 게다가, 객차는 부분적인 진공 상태로 유지되는 강철 관을 통해 보내질 것이기 때문에 공기 저항은 최소일 것인데, 이는 그것들이 여정의 대부분 동안 손쉽게 미끄러지듯이 나아갈 수 있게 할 것이다.

① 그렇게 빠른 속도를 책임질 수 있는 기존의 안전 장치가 없었다
② 승객들은 그 수송 체계의 승차권 가격에 대해 우려를 표명해왔다
③ 이러한 체계는 그것들을 만들기에 너무 많은 비용이 든다고 생각하는 비판가들에 의해 무시되어왔다
④ 고속철도의 발전은 마찰과 공기 저항의 문제로 인해 지장을 받아왔다

어휘
rapid transit 고속여객 수송   **plateau** 정체기   **concern** 우려, 걱정
transport 수송, 운송   **chief** 주요한   **limitation** 제약, 한계
entrepreneur 창업가, 사업가   **bypass** 뛰어넘다, 건너뛰다   **friction** 마찰
conceptual 개념상의   **eliminate** 없애다   **float** 뜨다
resistance 저항, 반대   **vacuum** 진공   **glide** 미끄러지듯 나아가다
voice 표명하다   **dismiss** 무시하다, 일축하다   **hinder** 지장을 주다, 방해하다

19 독해 내용 불일치 파악   난이도 중 ●●○

다음 글의 내용과 일치하지 않는 것은?

①The latest threat to small businesses is emerging in the form of the "sharing economy." In this business model, people pay lower-than-usual fees to obtain goods and services directly from owners rather than the professionals who usually offer them. Examples include shared car rides and apartment rentals. ②Customers can connect with owners through peer-to-peer computer networks and mobile applications designed specifically for these purposes. Though these types of systems help ordinary people earn extra money, taxi drivers and small business owners suffer. They have seen dramatic drops in business since these services started gaining popularity. Their most common complaint is that they must pay income taxes and licensing fees while those who casually provide services through these networks do not. Meanwhile, ④analysts say that it is only a matter of time before regulations will be set to level the playing field.

① The new sharing economy is putting small businesses at risk of losing profits.
② People can access the sharing economy through their technological devices.
③ Those who provide professional services benefit because they pay their taxes.
④ Experts predict that laws will be introduced to help small business owners.

해설
지문 중간에서 공유 경제를 통해 간편하게 서비스를 제공하는 사람들은 소득세와 라이선스 비용을 지불하지 않는 반면, 택시 기사와 영세업자들은 그것들을 지불해야 하는 것이 그들의 가장 공통적인 불만이라고 했으므로, '③ 전문적인 서비스를 제공하는 사람들은 세금을 내기 때문에 혜택을 얻는다'는 것은 지문의 내용과 일치하지 않는다.

해석

영세 기업에게 있어 가장 최근의 위협은 '공유 경제'의 형태로 나타나고 있다. 이러한 사업 형태에서, 사람들은 그것들을 통상적으로 제공하는 전문가들 대신에 소유주들로부터 상품과 서비스를 직접 얻기 위해 평소보다 더 적은 요금을 지불한다. 예시들은 승차 공유와 공동 아파트 임대를 포함한다. 고객들은 이러한 용도를 위해 특별히 고안된 피어 투 피어 방식의 컴퓨터 전산망과 휴대전화의 애플리케이션을 통해 소유주들과 연락할 수 있다. 비록 이러한 유형의 시스템은 평범한 사람들이 부가적인 돈을 벌도록 도와줄지라도, 택시 기사들과 영세업자들은 고통을 받는다. 이러한 서비스들이 인기를 얻기 시작한 이후로 그들은 사업에서 급격한 하락을 보아왔다. 그들의 가장 공통적인 불만은 이러한 네트워크를 통해 간편하게 서비스를 제공하는 사람들은 그렇지 않은 반면에, 그들(택시 기사들과 영세업자들)은 소득세와 라이선스 비용을 지불해야 한다는 것이다. 한편, 분석가들은 공평한 경쟁의 장을 만들기 위한 규정이 세워지는 것은 시간문제일 뿐이라고 말한다.

① 새로운 공유 경제는 영세 기업들이 수익을 잃는 위험에 처하게 하고 있다.
② 사람들은 그들의 기술 장비들을 통해 공유 경제를 이용할 수 있다.
③ 전문적인 서비스를 제공하는 사람들은 세금을 내기 때문에 혜택을 얻는다.
④ 전문가들은 영세업자들을 돕기 위해 법률이 곧 도입될 것으로 예측한다.

어휘

threat 위협 emerge 나타나다, 모습을 드러내다 professional 전문가
peer-to-peer 피어 투 피어 방식의 (복수의 PC를 대등하게 접속하는 네트워크 수법)
design 고안하다, 만들다 specifically 특별히 ordinary 평범한
dramatic 급격한 licensing fee 라이선스 비용 casually 간편하게, 우연히
analyst 분석가 regulation 규정, 법규
level the playing field 공평한 경쟁의 장을 만들다
put ~ at risk ~를 위험에 처하게 하다 device 장비, 기구
introduce 도입하다

구문분석

[12행] Their most common complaint is / that they must pay income taxes and licensing fees / while those who casually provide services through these networks / do not.

: that절이 이끄는 명사절은 문장에서 주어, 동사의 목적어, 보어로 쓰이는데 이 문장에서는 be 동사(is)의 보어로 쓰였다.

---

20 독해 문단 순서 배열 난이도 중 ●●○

주어진 문장 다음에 이어질 글의 순서로 가장 적절한 것은?

> The term "tiger parenting" began to be used in 2011 to describe the strict child-rearing of many East Asian countries.

(A) Devoting oneself entirely to chasing good grades can inhibit the development of important skills. Students from tiger parent households often find themselves lacking in communication skills, self esteem, and social skills.

(B) This parenting style is characterized by strict rules, a lack of freedom, and an intense focus on studying and academic achievement.

(C) It isn't just these soft skills that suffer, however, as these students are often significantly less independent, less creative, and worse at critical thinking than those raised in other parenting styles.

* soft skills: 남들과 잘 소통하는 자질

① (A) – (B) – (C) ② (A) – (C) – (B)
③ (B) – (A) – (C) ④ (B) – (C) – (A)

해설

주어진 문장에서 '호랑이형 육아'(tiger parenting)라는 용어에 대해 소개한 뒤, (B)에서 이 양육 방식(This parenting style)의 특징을 설명하고 있다. 이어서 (A)에서는 호랑이형 육아의 특징 중 하나인 좋은 성적을 좇는 일에 전념하는 것이 학생들의 의사소통 능력, 자존감, 사회적 기능 발달을 저해할 수 있다고 말하고 있고, 이어서 (C)에서 이러한 학생들(호랑이 부모 가정의 학생들)이 손해를 보는 것이 단지 이러한 남들과 잘 소통하는 자질(these soft skills)뿐만이 아니라고 하며 호랑이 부모 가정의 학생들이 다른 양육 방식에서 자란 아이들보다 부족한 부분에 대해 추가로 설명하고 있다. 따라서 ③번이 정답이다.

해석

> '호랑이형 육아'라는 용어는 많은 동아시아 국가들의 엄격한 자녀 양육 방식을 설명하기 위해 2011년에 사용되기 시작했다.

(B) 이 양육 방식은 엄격한 규칙, 자유의 결핍, 그리고 공부와 학업 성취에 대한 극도의 집중이 특징이다.

(A) 온전히 좋은 성적을 좇는 일에 전념하는 것은 중요한 기량의 발달을 저해할 수 있다. 호랑이 부모 가정의 학생들은 흔히 스스로가 의사소통 능력, 자존감, 그리고 사회적 기능이 부족하다는 것을 깨닫는다.

(C) 하지만, 이러한 학생들은 보통 다른 양육 방식에서 자란 아이들보다 상당히 덜 독립적이고, 덜 창의적이며, 비판적인 생각을 더 잘 못하기 때문에 손해를 보는 것은 단지 이러한 남들과 잘 소통하는 자질만이 아니다.

어휘

parenting 육아, 양육 strict 엄격한 rearing 양육 (방식) devote 전념하다
entirely 온전히, 전적으로 chase 좇다 inhibit 저해하다 household 가정
self esteem 자존감 be characterized by ~이 특징이다
intense 극도의 academic 학업의 achievement 성취

significantly 상당히   **independent** 독립적인   **critical** 비판적인

구문분석

[12행] (생략) as these students are / often significantly less independent, less creative, and worse at critical thinking / than those raised in other parenting styles.

: 이처럼 뒤에서 수식어(raised in other parenting styles)의 꾸밈을 받는 지시대명사 those는 '~한 사람들'이라고 해석한다.

실전모의고사 분석 & 셀프 체크

제6회 난이도	중	제6회 합격선	16 / 20문제	권장 풀이시간	27분
체감 난이도		맞힌 개수	/ 20문제	실제 풀이시간	/ 27분

* 시험지 첫 페이지 QR 코드 스캔을 통해 좀 더 자세한 성적 분석 서비스 사용이 가능합니다.

정답

01	02	03	04	05	06	07	08	09	10
④	①	④	③	①	④	③	②	③	④

11	12	13	14	15	16	17	18	19	20
①	④	④	③	②	③	①	④	③	②

취약영역 분석표

영역	어휘	생활영어	문법	독해	TOTAL
맞힌 답의 개수	/ 4	/ 2	/ 3	/ 11	**/ 20**

01　어휘 taper = weaken　　난이도 상 ●●●

밑줄 친 부분의 의미와 가장 가까운 것을 고르시오.

> The rainstorms that have been pounding the East Coast since Monday will begin tapering this weekend.
> 점차 약해지는

① intensifying 심해지는　　② lingering 계속되는
③ developing 발달하는　　④ weakening 약해지는 ✓

해석

월요일부터 동해안에 내리치고 있는 폭풍우는 이번 주말에 점차 약해지기 시작할 것이다.

어휘

rainstorm 폭풍우　pound 내리치다, 두드리다

 이것도 알면 **합격!**

taper(점차 약해지다)의 유의어
= lessen, fade, recede

02　어휘 reserved = timid　　난이도 중 ●●○

밑줄 친 부분의 의미와 가장 가까운 것을 고르시오.

> His reserved nature, a personality aspect that had presented
> 내성적인
> challenges for him, was something he was finally able to overcome with a lot of hard work.

① timid 내성적인 ✓　　② optimistic 낙관적인
③ sympathetic 공감하는　　④ merciful 자비로운

해석

그에게 어려움을 겪게 했던 성격의 한 측면인 그의 내성적인 성향은, 그가 많은 노력으로 마침내 극복할 수 있었던 것이었다.

어휘

nature 성향, 천성　personality 성격　aspect 측면
present (문제 등을) 겪게 하다, 야기하다　overcome 극복하다

이것도 알면 **합격!**

reserved(내성적인)의 유의어
= shy, meek, bashful, reticent

03　생활영어　You can reply by email, if you'd like.

난이도 하 ●○○

두 사람의 대화 중 가장 어색한 것은?

① A: When are you going to see Kate again?

　B: She's coming over for lunch tomorrow.

② A: I want to get a haircut. Where should I go?

　B: There's a great salon next to my apartment.

③ A: Are you planning to try out for the Christmas play?

　B: I don't know. I'm thinking about it.

④ A: I apologize. I forgot to call you on your birthday last week.

　B: You can reply by email, if you'd like.

해설

④번에서 A가 지난주 생일에 전화하는 걸 잊어버렸다며 사과하고 있으므로, 원한다면 이메일로 답장할 수 있다는 B의 대답 '④ You can reply by email, if you'd like(네가 원한다면, 너는 이메일로 답장할 수 있어)'는 어울리지 않는다.

해석

① A: 너는 언제 다시 Kate를 만날 거야?

　B: 그녀가 내일 점심 식사를 하러 들를 거야.

② A: 나는 머리카락을 자르고 싶어. 어디로 가야 할까?

　B: 내 아파트 옆에 정말 괜찮은 미용실이 있어.

③ A: 너는 크리스마스 연극에 지원할 계획이 있어?

　B: 모르겠어. 생각 중이야.

④ A: 내가 사과할게. 내가 지난주 네 생일에 전화하는 걸 잊어버렸어.

　B: 네가 원한다면, 너는 이메일로 답장할 수 있어.

어휘

come over ~에 들르다, 방문하다　try out for (경쟁에) 지원하다, 출전하다
apologize 사과하다

🖋 **이것도 알면 합격!**

사과할 때 사용할 수 있는 표현을 알아두자.

• Forgive me. 나를 용서해주세요.

• I owe you an apology. 사과 드립니다.

• My apologies. 죄송합니다.

04　생활영어　I'd like a mix of both.

난이도 하 ●○○

밑줄 친 부분에 들어갈 말로 가장 적절한 것은?

A: Hello. I want to withdraw some cash, but I lost my debit card.

B: In that case, I will need your ID to find your account.

A: That's no problem. Here you go.

B: Let's see... Here it is. How much would you like to withdraw?

A: I need $400.

B: Would you like that in large or small bills?

A: _____.

B: OK. I'll give you half in hundreds and half in tens.

① That seems too expensive

② The bigger the better

③ I'd like a mix of both

④ That isn't very much at all

해설

고액권으로 드릴지 소액권으로 드릴지 묻는 B의 말에 A가 대답하고, 빈칸 뒤에서 B가 I'll give you half in hundreds and half in tens(절반은 100 달러로, 절반은 10달러로 드릴게요)라고 말하고 있으므로, 빈칸에는 '③ 둘 다 섞어서 주세요(I'd like a mix of both)'가 들어가야 자연스럽다.

해석

A: 안녕하세요. 제가 현금을 좀 인출하고 싶은데, 직불 카드를 잃어버렸어요.

B: 그렇다면, 당신의 계좌를 찾아보기 위해 신분증이 필요해요.

A: 문제 없죠. 여기 있어요.

B: 자, 한번 볼게요. 여기 있네요. 얼마를 인출하고 싶으세요?

A: 400달러 해주세요.

B: 고액권으로 드릴까요? 아니면 소액권으로 드릴까요?

A: 둘 다 섞어서 주세요.

B: 알겠습니다. 절반은 100달러로, 절반은 10달러로 드릴게요.

① 그건 너무 비싼 것 같아요

② 크면 클수록 더 좋아요

③ 둘 다 섞어서 주세요

④ 그건 전혀 많지 않아요

어휘

withdraw 인출하다　debit card 직불 카드　large(small) bill 고액(소액)권

🖋 **이것도 알면 합격!**

은행에서 사용할 수 있는 표현을 알아두자.

• I'd like to open a savings account.
저축 예금 계좌를 개설하고 싶어요.

• I am interested in taking out a loan.
저는 대출을 받는 것에 관심이 있어요.

• Could I cash this check?
이 수표를 현금으로 바꿀 수 있을까요?

05 문법 관계절   난이도 상 ●●●

어법상 옳은 것은?

① The phases of the moon are the means **by which** the lunar calendar is determined.

② Such **was** the abandoned building's defects that the city decided to demolish it.
  → were

③ The more a color is bright, the more light it emits.
  → The brighter a color is

④ Many an ingredient **were** wasted in his attempts to perfect the recipe.
  → was

해설

① **전치사 + 관계대명사** 관계사 뒤에 완전한 절(the lunar calendar is determined)이 왔으므로 '전치사 + 관계대명사' 형태가 올 수 있다. '전치사 + 관계대명사'에서 전치사는 선행사 또는 관계절의 동사에 따라 결정되는데, 문맥상 '음력은 수단에 의해 결정된다'라는 의미가 되어야 자연스러우므로 전치사 by(~에 의해)가 관계대명사 which 앞에 와서 by which가 올바르게 쓰였다.

[오답 분석]

② **도치 구문: 기타 도치 | 주어와 동사의 수 일치** 형용사 보어(Such)가 강조되어 문장의 맨 앞에 나오면 동사와 주어가 도치되어 '동사 + 주어'의 어순이 되는데, 이때 주어 자리에 복수 명사 the abandoned building's defects가 왔으므로 단수 동사 was를 복수 동사 were로 고쳐야 한다.

③ **비교급 표현** 문맥상 '색깔이 더 밝을수록, 그것은 더 많은 빛을 발산한다'라는 의미가 되어야 자연스럽고, '더 ~할수록 더 −하다'는 비교급 표현 'The + 비교급(brighter) + 주어(a color) + 동사(is), the + 비교급(more light) + 주어(it) + 동사(emits)'의 형태로 나타낼 수 있으므로, The more a color is bright를 The brighter a color is로 고쳐야 한다.

④ **수량 표현의 수 일치** 주어 자리에 단수 취급하는 수량 표현 'many a/an + 단수 명사'(Many an ingredient)가 왔으므로 복수 동사 were를 단수 동사 was로 고쳐야 한다.

해석

① 달의 모습은 음력이 결정되게 하는 수단이다.

② 버려진 건물의 결함들이 너무나 커서 시는 그것을 철거하기로 결정했다.

③ 색깔이 더 밝을수록, 그것은 더 많은 빛을 발산한다.

④ 그 요리법을 완성하려는 그의 시도 중에 많은 재료들이 낭비되었다.

어휘

phase (달의) 모습, (변화의) 단계   lunar calendar 음력
determine 결정하다   defect 결함   demolish 철거하다
emit 발산하다   ingredient 재료   perfect 완성하다

이것도 알면 합격!

'전치사 + 관계대명사' by which는 '~에 의한'이라는 의미로 관계절을 연결하는 관계부사 whereby로 바꾸어 쓸 수 있다는 것을 알아두자.

ex We have a special code by **which**(= **whereby**) we can open the secret door.
우리는 비밀의 문을 열 수 있는 특별한 코드를 가지고 있다.

06 문법 분사   난이도 하 ●○○

밑줄 친 부분 중 어법상 옳지 않은 것은?

Much of what we know about the universe ① comes from our limited observations from Earth. However, launching satellites and probes into space has improved our understanding substantially. Upon ② entering the orbit of Saturn, the *Cassini* space probe sent back detailed photos of the planet and ③ its moons. The information provided by these transmissions has given us a clearer idea of chemical compositions elsewhere in the universe. Moreover, we can more accurately calculate the movement of distant objects ④ used their observed positions from different satellites.
  → using

해설

④ **현재분사 vs. 과거분사** 주절의 주어 we와 분사구문의 분사가 '우리가 활용하다'라는 의미의 능동 관계이므로, 과거분사 used를 현재분사 using으로 고쳐야 한다.

[오답 분석]

① **수량 표현의 수 일치** 주어 자리에 단수 취급하는 수량 표현 Much가 왔으므로 단수 동사 comes가 올바르게 쓰였다. 참고로, 주어와 동사 사이의 수식어 거품(of what we know about the universe)은 동사의 수 결정에 영향을 주지 않는다.

② **전치사 자리** 전치사(Upon) 뒤에는 명사 역할을 하는 것이 와야 하므로 동명사 entering이 올바르게 쓰였다.

③ **인칭대명사** 인칭대명사가 지시하는 명사(Saturn)가 단수이므로 단수 소유대명사 its가 올바르게 쓰였다.

해석

우리가 우주에 대해 아는 것 중 대부분은 지구에서의 한정된 관찰로부터 비롯된다. 그러나, 우주로 인공위성과 탐사선을 발사하는 것은 우리의 이해를 상당히 증진시켰다. 토성의 궤도에 진입하자마자, '카시니' 우주 탐사선은 그 행성과 그것의 위성들의 상세한 사진들을 보내왔다. 이러한 송신으로 제공받은 정보는 우리에게 우주 다른 곳의 화학적 구성에 대한 더욱 명확한 지식을 전해주었다. 게다가, 우리는 다른 위성으로부터 관측된 위치를 활용하여, 원거리에 있는 물체의 움직임을 더 정확히 계산할 수 있다.

어휘

come from ~로부터 비롯되다   observation 관찰, 관측
launch 발사하다, 쏘아 올리다   satellite (인공) 위성   probe 탐사선
substantially 상당히   orbit 궤도   transmission 송신
composition 구성

이것도 알면 합격!

불가산 명사 앞에 와서 단수 동사와 수 일치하는 수량 표현을 알아두자.

· little 거의 없는 · a little 약간 · less 더 적은 · much 많은	+ 불가산 명사 + 단수 동사

07 독해 문단 순서 배열 난이도 중 ●●○

주어진 글 다음에 이어질 글의 순서로 가장 적절한 것은?

> It's human nature to look at a decision someone has made and wonder why they made it. But some researchers do not think the most important aspect of decision making is why the decision was made, but how. To better understand how decisions are made, a new theory, called reinforcement learning, was devised.

> (A) The artificial decision-maker is programmed with these rules, called a policy, leading it to a desired result or goal. The software algorithmically figures out the statistical likelihood that an action will reach the desired result.

> (B) The basic idea of the concept centers around making decisions with the explicit goal of maximizing a cumulative reward. This is fundamental in machine learning, where a machine has codified rules governing its decisions.

> (C) Upon making a decision, the software determines its value, feeding that information back into the algorithm, which updates the policy accordingly. This feedback process provides the reinforcement that the machine learns from.

* reinforcement learning: 강화형 학습

① (A) – (B) – (C)
② (A) – (C) – (B)
③ (B) – (A) – (C)
④ (B) – (C) – (A)

해설

주어진 글에서 강화형 학습(reinforcement learning)을 언급하고, 이어서 (B)에서 강화형 학습의 기본 개념을 소개하며 강화형 학습이 기계 학습에서 기본이 되는 것임을 설명하고 있다. 뒤이어 (A)에서 그 인공적인 의사 결정자(기계)는 정책이라는 규칙들로 프로그램이 짜여있으며, 그 소프트웨어는 어떤 행동이 바라던 결과에 도달할 통계적 가능성을 알고리즘적으로 알아낸다고 한 뒤, (C)에서 그 소프트웨어(the software)는 결정을 내리자마자 피드백 절차를 통해 기계가 학습하는 강화를 제공한다고 설명하고 있다. 따라서 ③번이 정답이다.

해석

> 누군가가 내린 결정을 보고 그들이 왜 그 결정을 내렸는지 궁금해하는 것은 인간의 본성이다. 하지만 일부 연구원들은 의사 결정의 가장 중요한 측면은 그 결정이 내려진 이유가 아니라, 내려진 방식이라고 생각한다. 결정이 내려진 방식을 더 잘 이해하기 위해, 강화형 학습이라 불리는 새로운 이론이 고안되었다.

(B) 그 사고 방식의 기본 개념은 누적되는 보상을 극대화한다는 명확한 목표를 가지고 의사 결정을 내리는 것에 초점을 맞춘다. 이것은 기계 학습에서 기본이 되는 것인데, 거기에서 기계는 그것의 결정을 좌우하는 규칙들을 체계적으로 정리해왔다.

(A) 그 인공적인 의사 결정자는 그것을 바라던 결과나 목표로 이끄는, 정책

이라고 불리는 이러한 규칙들로 프로그램이 짜여있다. 그 소프트웨어는 어떤 행동이 바라던 결과에 도달할 통계적 가능성을 알고리즘적으로 알아낸다.

(C) 결정을 내리자마자, 그 소프트웨어는 그것의 가치를 결정하고, 그 정보를 알고리즘에 다시 보내는데, 이것(알고리즘)은 그에 맞춰 정책을 업데이트한다. 이 피드백 절차는 그 기계가 학습하는 강화를 제공한다.

어휘

reinforcement 강화 devise 고안하다, 창안하다 artificial 인공적인
statistical 통계적인 likelihood 가능성 center 초점을 맞추다
explicit 명확한 cumulative 누적되는 codify 체계적으로 정리하다
govern 좌우하다, 지배하다

08 독해 내용 불일치 파악 난이도 하 ●○○

다음 글의 내용과 일치하지 않는 것은?

> In literature, antiheroes are main characters who lack the attributes of conventional heroes. Unlike their ①traditional counterparts, who are portrayed as predictably strong, upstanding people who would by no means hesitate to do the right thing, how antiheroes react is far more ambiguous. Antiheroes, while still considered heroes in that they are never inherently bad, are characters that are more like regular people because they have a weaker moral compass and are often driven by their own motives rather than those of the greater good. For instance, they may reject conventional society and become obsessed with getting revenge against their enemies. Furthermore, ③negative circumstances in their lives may cause them to resort to questionable methods to meet their goals. By the end of the story, they often face challenges that they do not always overcome, but ④the audience tends to sympathize with them more because they invariably grow into somewhat better individuals.

① Conventional heroes will not hesitate to take appropriate actions.
② Antiheroes are not considered heroes in that they are inherently bad.
③ Negative circumstances may be one of the reasons why antiheroes use questionable methods.
④ Antiheroes often gain sympathy from the audience through their growth.

해설

지문 처음에서 반영웅은 전통적인 영웅과는 다르지만 본질적으로는 부정하지 않다는 점에서 여전히 영웅이라고 여겨진다고 했으므로, '② 반영웅은 본질적으로 부정하다는 점에서 영웅으로 여겨지지 않는다'는 것은 지문의 내용과 일치하지 않는다.

해석

문학에서, 반영웅은 전형적인 영웅의 자질이 부족한 주인공이다. 옳은 일을 하는 것을 결코 망설이지 않는, 예상대로 강하고 정직한 사람들로 묘사되는 전통적인 상대역(영웅)과는 다르게, 반영웅이 반응하는 방식은 훨씬 더 모호하다. 결코 본질적으로는 부정하지 않는다는 점에서 여전히 영웅이라고 여겨지지만, 반영웅은 약한 도덕적 잣대를 가지고 있고 종종 공공의 이익보다는 오히려 자기 자신의 동기에 의해 움직이기 때문에 보통 사람들과 더 비슷한 등장인물이다. 예를 들어, 그들은 종래의 사회를 거부하고 자신의 원수에게 보복하는 데 집착하게 될 수도 있다. 게다가, 그들의 삶의 부정적인 상황은 그들이 목표를 달성하기 위해 의문의 여지가 있는 방법에 의지하게 할지도 모른다. 이야기의 끝 무렵에, 그들이 항상 극복해내는 것은 아닌 문제들에 종종 직면하지만, 그들은 언제나 어느 정도 더 나은 사람으로 성장하기 때문에 독자들은 그들에게 더 공감하는 경향이 있다.

① 전형적인 영웅은 적절한 행동을 하는 것을 망설이지 않을 것이다.
② 반영웅은 본질적으로 부정하다는 점에서 영웅으로 여겨지지 않는다.
③ 부정적인 상황은 반영웅이 의문의 여지가 있는 방법을 사용하는 이유 중 하나일 수도 있다.
④ 반영웅은 그들의 성장을 통해 종종 관객으로부터 공감을 얻는다.

어휘

antihero 반영웅, 주인공답지 않은 주인공   attribute 자질, 속성
counterpart 상대역, 상대방   predictably 예상대로
upstanding 정직한, 강직한   by no means 결코 ~하지 않는
ambiguous 모호한   inherently 본질적으로, 선천적으로
resort to ~에 의지하다   questionable 의문의 여지가 있는
sympathize 공감하다   invariably 언제나

---

09 독해 주제 파악   난이도 중 ●●○

다음 글의 주제로 가장 적절한 것은?

As technology has developed, even traditional jobs have changed. Because I've been a farmer for more than four decades, I am in a position to know this. My job now looks nothing like it did in the past. Many people think farmers just get in a tractor and work the soil, but farming today is quite technologically advanced. Most of the work we once had to do by hand can now be done automatically by machinery. For instance, today's tractors and combines are equipped with GPS receivers, tracker software, and automated driving capabilities that allow them to plant and harvest crops on their own. Furthermore, I now use drones to spread pesticides and fertilizer on my crops. All this technology may seem unnecessary, but it has actually made crop production more efficient. Having machines to do these jobs has reduced the need for a large number of farm workers and has increased our agricultural output. On my farm, I now have only ten workers, but we harvest four times as much corn as I did when I began farming.

① careers in agriculture
② a farmer as a scientist
③ farming and mechanization
④ agricultural output and farm sizes

해설

지문 처음에서 오늘날의 농사는 기술적으로 상당히 진보했고, 한때 손으로 해야 했던 대부분의 일은 이제 기계에 의해 자동적으로 이루어질 수 있다고 하며, 최신 장비를 갖춘 농기계들과 드론을 예로 들고 있으므로, '③ 농사와 기계화'가 이 글의 주제이다.

해석

기술이 발전하면서 전통적인 직업들조차도 변화해왔다. 40년이 넘게 농부로 지내왔기 때문에, 나는 이것을 잘 알 수 있다. 이제 나의 일은 과거와는 전혀 다르게 보인다. 많은 사람들은 농부가 그저 트랙터를 타고 땅을 경작한다고 생각하지만, 오늘날의 농사는 기술적으로 상당히 진보했다. 한때 우리가 손으로 해야 했던 대부분의 일은 이제 기계에 의해 자동적으로 이루어질 수 있다. 예를 들어, 오늘날의 트랙터와 콤바인에는 그것들이 농작물을 스스로 심고 수확할 수 있게 해주는 GPS 수신기, 추적 소프트웨어, 그리고 자동 운전 능력이 갖춰져 있다. 게다가, 나는 이제 나의 농작물에 살충제와 비료를 뿌리는 데 드론을 사용한다. 이러한 모든 기술이 불필요한 것처럼 보일지도 모르지만, 이것은 실제로 농작물 생산을 더욱 효율적으로 만들었다. 이런 일들을 하는 기계를 갖춘 것은 많은 수의 농장 노동자의 필요성을 줄이고 우리의 농업 생산량을 증가시켰다. 우리 농장에, 나는 지금 10명의 노동자만을 두고 있지만, 우리는 내가 농사를 시작했을 때보다 4배나 많은 옥수수를 수확한다.

① 농업에서의 경력
② 과학자로서의 농부
③ 농사와 기계화
④ 농업 생산량과 농장 규모

어휘

work 경작하다   automatically 자동적으로   machinery 기계
combine 콤바인(곡식을 베고 탈곡하는 기능이 결합된 농기구)
equip 갖추다, 장착하다   capability 능력   pesticide 살충제
fertilizer 비료   agricultural 농업의

10 독해 무관한 문장 삭제 난이도 중 ●●○

글의 흐름상 가장 어색한 문장은?

Social media sites are the new gathering place of today's world, replacing reunions, get-togethers, and parties. It has certainly made it easier for friends and family to stay updated on one another's lives. ① As we scroll through sites, we see page after page of wedding announcements, births, news of promotions, or pictures from beautiful vacation spots. ② Sometimes, those posts make our spirits sink just a little lower because we buy into the illusion that the posters are constantly happy. ③ However, although those types of posts are usually the only ones people share, they are no doubt rare moments in most people's lives. ④ Sharing negative stories as well as positive ones will allow people to empathize with each other more. You just have to remember that although other people's lives seem perfect on social media, they experience the same ups and downs as everyone else.

해설

지문 처음에서 현대 사회의 새로운 모임 공간인 소셜 미디어 사이트는 친구들과 가족들이 서로의 소식을 얻는 것을 더 쉽게 만들었다고 언급한 뒤, ① 번과 ②번에서 우리는 결혼, 출산, 승진, 휴가 사진들을 보며 글을 올린 사람들이 항상 행복하다는 착각을 믿기 때문에 이러한 게시물을 보고 때때로 기분이 가라앉는다고 하고, ③번에서 사람들이 일반적으로 이러한 게시물들만 공유하지만 그것들은 대부분 사람들의 삶에서 흔치 않은 순간들이라고 설명하고 있으므로 모두 첫 문장과 관련이 있다. 그러나 ④번은 긍정적인 이야기뿐만 아니라 부정적인 것을 공유하는 것이 사람들을 서로 더욱 공감할 수 있게 한다는 내용으로 지문 전반의 내용과 관련이 없다.

해석

소셜 미디어 사이트는 동창회, 친목회, 그리고 파티들을 대체하는 현대 사회의 새로운 모임 공간이다. 이것은 친구들과 가족들이 서로의 삶에 대한 소식을 얻는 것을 확실히 더 쉽게 만들었다. ① 우리는 사이트를 스크롤하면서 결혼 발표, 출산, 승진 소식, 또는 아름다운 휴양지에서의 사진들로 이루어진 여러 페이지를 본다. ② 때때로, 이러한 게시물들은 우리의 기분을 약간 더 가라앉게 만드는데, 왜냐하면 우리는 글을 올린 사람들이 항상 행복하다는 착각을 믿기 때문이다. ③ 하지만, 비록 이러한 유형의 게시물들이 사람들이 일반적으로 공유하는 유일한 것들일지라도, 그것들은 대부분 사람들의 삶에서 분명히 흔치 않은 순간들이다. ④ 긍정적인 이야기뿐만 아니라 부정적인 것을 공유하는 것은 사람들이 서로에게 더욱 공감할 수 있게 할 것이다. 당신은 비록 다른 사람들의 삶이 소셜 미디어에서는 완벽한 것 같아도 그들도 모든 사람들처럼 똑같은 기복을 겪는다는 것을 꼭 기억해야 한다.

어휘

gathering 모임 reunion 동창회, 재회 get-together 친목회, 모임
stay updated on ~에 대한 소식을 얻다 buy into ~을 믿다
illusion 착각, 환상 constantly 항상, 끊임없이 no doubt 분명히, 확실히
empathize 공감하다 ups and downs 기복, 오르내림

11 어휘 enhanced by = improved by 난이도 중 ●●○

밑줄 친 부분의 의미와 가장 가까운 것을 고르시오.

The movie's action scenes were <u>enhanced by</u> the inclusion of fast-paced music and special effects.
~으로 인해 향상된

① improved by ~으로 인해 향상된 ② organized with ~으로 구성된
③ withdrew from ~에서 철수된 ④ deployed in ~에 배치된

해석

그 영화의 액션 장면은 빠른 속도의 음악과 특수 효과의 삽입으로 인해 향상되었다.

어휘

inclusion 삽입 pace 속도

🎓 **이것도 알면 합격!**

enhanced by(~으로 인해 향상된)와 유사한 의미의 표현
= reinforced by, assisted by, elevated by

12 어휘 weasel out of = get out of 난이도 중 ●●○

밑줄 친 부분의 의미와 가장 가까운 것을 고르시오.

The only chore that Kevin's mother expected him to do was to wash the dishes after dinner, but he tried to <u>weasel out of</u> doing it every day.
~을 회피하다

① give tips for ~를 위한 정보를 주다
② pay dearly for ~때문에 큰 피해를 입다
③ stay away from ~에서 떨어져 있다
④ get out of ~을 회피하다

해석

Kevin의 엄마가 그에게 바랐던 유일한 집안일은 저녁 식사 후 설거지를 하는 것이었지만, 그는 매일 그것을 하는 것을 회피하려고 했다.

어휘

chore 집안일 expect ~를 바라다

🎓 **이것도 알면 합격!**

weasel out of(~을 회피하다)의 유의어
= avoid, evade, sidestep

13 독해 빈칸 완성 - 단어 | 난이도 중 ●●○

밑줄 친 (A), (B)에 들어갈 말로 가장 적절한 것을 고르시오.

Tsingy National Park in Madagascar is one of the most ecologically diverse regions in the world. Hundreds of species are native to the territory and still more, yet to be discovered, are thought to reside there. Although the area should be teeming with scientists, Tsingy's unique _____(A)_____ has proven to be a formidable barrier. The entire park comprises tightly packed rock spires. These natural towers can reach up to 120 meters in height and are razor sharp. The ground is littered with smaller columns that are fine enough to _____(B)_____ rubber soles, to say nothing of skin; a false step in this stone forest can result in lacerations or worse. Thus, few dare to venture into the perilous land, despite the biological treasures it holds.

(A)	(B)
① climate	dissolve
② biology	cleanse
③ location	support
④ geography	perforate

해설

(A) 빈칸 뒤 문장에서 공원 전체가 빽빽이 채워진 바위 첨탑으로 이루어져 있고, 이러한 자연 발생적인 탑들은 높이가 최대 120미터에 이를 수 있으며 아주 날카롭다고 했으므로, (A)에는 칭기의 독특한 '지형(geography)'이 위협적인 장애물이라는 것이 드러났다는 내용이 들어가야 한다. (B) 빈칸 뒤 문장에서 이 돌 숲에서 한 발을 헛디디는 것은 찢어진 상처, 혹은 그보다 더 심한 것으로 이어질 수 있다고 했으므로, (B)에는 지면에는 고무 밑창도 충분히 '뚫을(perforate)' 정도로 예리한 더 작은 기둥들이 흩어져 있다는 내용이 들어가야 한다. 따라서 ④번이 정답이다.

해석

마다가스카르에 있는 칭기 국립 공원은 세계에서 가장 생태학적으로 다양한 지역 중 하나이다. 수백 개의 종의 원산지가 그 지역이고, 아직 발견되지 않은 훨씬 더 많은 종들이 그곳에 살고 있다고 여겨진다. 그 지역은 과학자들로 가득 차 있어야 하지만, 칭기의 독특한 (A) 지형이 위협적인 장애물이라는 것이 드러났다. 그 공원 전체는 빽빽이 채워진 바위 첨탑으로 이루어져 있다. 이러한 자연 발생적인 탑들은 높이가 최대 120미터에 이를 수 있으며, 아주 날카롭다. 지면에는, 피부는 말할 것도 없고, 고무 밑창도 충분히 (B) 뚫을 정도로 예리한 더 작은 기둥들이 흩어져 있어서, 이 돌 숲에서 한 발을 헛디디는 것은 찢어진 상처, 혹은 그보다 더 심한 것으로 이어질 수 있다. 그러므로, 이것이 지니고 있는 생물학적 중요성에도 불구하고, 감히 위험을 무릅쓰고 그 위험한 지역에 가려는 사람은 거의 없다.

(A)	(B)
① 기후	녹이다
② 생태	세척하다
③ 위치	지지하다
④ 지형	뚫다

어휘

ecologically 생태학적으로   teem 가득 차다, 많이 있다
formidable 위협적인   comprise ~으로 이루어지다   spire 첨탑, 뾰족탑
razor sharp 아주 날카로운   litter 흩어지다   column 기둥, 원주   sole 밑창
say nothing of ~은 말할 것도 없고   laceration 찢어진 상처
dare 감히 ~하다   venture 위험을 무릅쓰고 ~에 가다   perilous 위험한
dissolve 녹이다   biology 생태, 생물학   geography 지형, 지리학
perforate 뚫다, 관통하다

14 독해 빈칸 완성 - 연결어 | 난이도 중 ●●○

밑줄 친 (A), (B)에 들어갈 말로 가장 적절한 것을 고르시오.

Soon to be an integral part of our everyday lives, personal robots are set to take over our cooking and cleaning duties, read books to our children, and express humanlike emotions. Researchers in Britain have already created a robot that can react with glee, fear, pride, anger, and sadness. And in Japan, many elderly citizens have become emotionally attached to robotic animals that enjoy being held. _____(A)_____, as robots begin to mean more to us, experts are saying that now is the time to start discussing the ethics of robots. Should a self-driving car get into an accident and harm a human, _____(B)_____, who would be accountable? Some might argue that the owner is at fault, while others would be quick to blame the software designer, vehicle manufacturer, or even the car itself. These types of dilemmas are not to be passed over lightly, as the ramifications on society and humanity will be profound.

(A)	(B)
① Furthermore	on the other hand
② Therefore	as a result
③ However	for example
④ Otherwise	in addition

해설

(A) 빈칸 앞 부분은 개인용 로봇이 곧 우리의 일상 생활에 필수적인 부분이 될 것이고, 이미 일부 사람들은 로봇에게 감정적으로 애착을 가지게 되었다는 내용이고, 빈칸 뒤 문장은 전문가들은 로봇이 우리에게 더 큰 의미를 가지기 시작하는 지금이 로봇의 윤리에 대해 논의를 시작할 때라고 말한다는 대조적인 내용이므로, (A)에는 대조를 나타내는 연결어인 However (하지만)가 들어가야 한다. (B) 빈칸 앞 문장은 전문가들이 지금이 로봇의 윤리에 대해 논의를 시작할 때라고 말한다는 내용이고, 빈칸이 있는 문장에서 스스로 운전하는 자동차가 사고를 낼 경우를 예시로 언급하고 있으므로, (B)에는 예시를 나타내는 연결어인 for example(예를 들어)이 들어가야 한다. 따라서 ③번이 정답이다.

해석

곧 우리의 일상 생활에 필수적인 부분이 될 개인용 로봇은 우리의 요리 및 청소 업무를 넘겨받고, 아이들에게 책을 읽어주며, 인간과 유사한 감정을 표출할 것이다. 영국의 연구원들은 이미 기쁨, 두려움, 자랑스러움, 분노, 그리고 슬픔의 반응을 보일 수 있는 로봇을 만들었다. 그리고 일본에서는, 많은 노인들이 안겨 있는 것을 좋아하는 동물 로봇에게 감정적으로 애착을 가지게 되었다. (A) 하지만, 로봇이 우리에게 더 많은 것을 의미하기 시작하면서, 전문가들은 지금이 로봇의 윤리에 대해 논의를 시작할 때라고 말한다. (B) 예를 들어, 스스로 운전하는 자동차가 사고를 내서 사람을 다치게 하면, 누구에게 책임이 있는가? 어떤 이들은 소유주에게 잘못이 있다고 주장할 수도 있는 반면, 다른 이들은 재빨리 소프트웨어 설계자, 자동차 제조업자, 또는 심지어 자동차 그 자체를 비난할 것이다. 이러한 유형의 딜레마들은 사회와 인류에 미치는 영향이 엄청날 것이기 때문에, 가볍게 무시되어서는 안 된다.

	(A)	(B)
①	게다가	반면에
②	그러므로	결과적으로
③	하지만	예를 들어
④	그렇지 않으면	게다가

어휘

integral 필수적인 **be set to** ~할 것이다 **take over** ~을 넘겨받다
duty 업무, 임무 **glee** 기쁨, 신이 남 **pride** 자랑스러움
attached 애착을 가진 **hold** 안다, 잡다 **ethics** 윤리
accountable 책임이 있는 **pass over** ~을 무시하다
ramification 영향, 결과 **profound** 엄청난, 깊은

---

15 독해 문장 삽입   난이도 중 ●●○

주어진 문장이 들어갈 위치로 가장 적절한 것은?

> This means the state depends heavily on the patronage of visitors to keep their market stable.

> Some governments rely on tourism not merely as a sector of their economy, but as a central and crucial pillar of it. (①) For example, the number of yearly visitors to Hawaii greatly outnumbers that of its residents, making its tourist industry the largest contributor to its economy. (②) For countries like South Korea, in comparison, the relationship between tourists and the nation has become more reciprocal. (③) Fans of the country flock to Seoul to absorb its pop culture and fashion. (④) Korean industries, in turn, also tailor future products for these audiences, resulting in a give-and-take relationship.

해설

지문 처음에서 몇몇 정부가 경제의 가장 중요하고 결정적인 역할로 관광업에 의존한다고 하며 하와이를 예시로 언급하고 있고, ②번 뒤 문장에서 이에 비해 한국과 같은 국가들에서는 관광객들과 국가 간의 관계가 더욱 호혜적이 되었다고 설명하고 있으므로, ②번에 이것(관광 산업이 경제의 가장 큰 공헌 요소가 된 것)은 그 정부(하와이)가 그들의 경기를 안정적으로 유지하기 위해 관광객들의 후원에 크게 의존한다는 것을 의미한다는 내용의 주어진 문장이 들어가야 지문이 자연스럽게 연결된다.

해석

몇몇 정부는 단지 그들 경제의 한 부문이 아니라 가장 중요하고 결정적인 역할로 관광업에 의존한다. 예를 들어, 연간 하와이 방문객의 수는 그곳의 주민보다 훨씬 많은데, 이것이 그곳의 관광 산업을 경제의 가장 큰 공헌 요소로 만들었다. ② 이것은 그 정부가 그들의 경기를 안정적으로 유지하기 위해 관광객들의 후원에 크게 의존한다는 것을 의미한다. 이에 비해, 한국과 같은 국가들에서는 관광객들과 국가 간의 관계가 더 호혜적이 되었다. 그 국가의 팬들은 그곳의 대중문화와 유행을 받아들이기 위해 서울로 모여든다. 그 결과, 한국의 산업들도 미래의 제품들을 이러한 팬들의 기호에 맞추는데, 이는 주고 받는 관계로 이어진다.

어휘

patronage 후원, 애용 **stable** 안정적인 **merely** 단지 **sector** 부문
pillar (중요한) 역할, 중심 **outnumber** ~보다 수가 많다
contributor 공헌 요소 **reciprocal** 호혜적인, 서로 보충하는
flock to ~로 모여들다 **absorb** 받아들이다 **pop culture** 대중문화
tailor (목적·기호 등에) 맞추다 **audience** 팬, 애호자

16 문법 우리말과 영작문의 의미상 불일치   난이도 중 ●●○

우리말을 영어로 잘못 옮긴 것은?

① 좋은 의사는 환자들을 편안하게 해주려고 노력한다.

  → A good doctor tries to make patients feel comfortable.

② 전 세계에서 가장 큰 미스터리들 중 하나는 피라미드가 어떻게 지어졌냐는 것이다.

  → One of the biggest mysteries in the world is how the pyramids were built.

③ 경범죄의 증가는 도시 관광업의 증진에 부합한다.

  → The increase in petty crimes responds to the increase in tourism to the city.
                       → corresponds

④ Jessica는 항상 혼자 살아서 룸메이트가 있는 것에 익숙하지 않았다.

  → Jessica always lived alone and was not used to having a roommate.

해설

③ **우리말과 영작문의 의미상 불일치** '도시 관광업의 증진에 부합한다'는 동사 correspond(부합하다)를 사용하여 나타낼 수 있으므로 '대답하다, 반응하다'라는 의미의 responds를 corresponds로 고쳐야 한다.

[오답 분석]

① **to 부정사를 취하는 동사 | 5형식 동사** 동사 try는 동명사나 to 부정사를 모두 목적어로 취할 수 있는 동사인데, '~하려고 노력하다'는 'try + to 부정사'를 사용하여 나타낼 수 있으므로 try to make가 올바르게 쓰였다. 또한, 사역동사 make는 동사원형을 목적격 보어로 취하는 5형식 동사이므로 목적격 보어 자리에 동사원형 feel이 올바르게 쓰였다.

② **주어와 동사의 수 일치 | 의문문의 어순** 주어 자리에 단수 취급하는 수량 표현 'One of + 복수 명사'(One of the biggest mysteries)가 왔으므로 단수 동사 is가 올바르게 쓰였다. 또한, 의문문이 다른 문장 안에 포함된 간접 의문문은 '의문사(how) + 주어(the pyramids) + 동사(were built)'의 어순으로 쓰여야 하므로 how the pyramids were built가 올바르게 쓰였다.

④ **동명사 관련 표현** '룸메이트가 있는 것에 익숙하지 않았다'는 동명사 관련 표현 be used to -ing(-에 익숙하다)를 사용하여 나타낼 수 있으므로 was not used to having이 올바르게 쓰였다.

어휘

petty crime 경범죄   respond 반응하다

이것도 알면 합격!

think, believe, imagine, suppose, suggest 등이 동사로 쓰인 의문문에 간접 의문문이 포함되면 의문사가 그 문장의 맨 앞으로 온다는 것을 알아두자.

ex Do you suppose? + What is he trying to accomplish?
   당신은 생각하나요? + 그가 무엇을 성취하기 위해 노력하고 있나요?

  → What do you suppose he is trying to accomplish?
     당신은 그가 무엇을 성취하기 위해 노력하고 있다고 생각하나요?

---

17 독해 내용 불일치 파악   난이도 중 ●●○

다음 글의 내용과 일치하지 않는 것은?

For centuries, epilepsy was considered a supernatural disease. Ancient Babylonian stone tablets contained an accurate description of its symptoms, but physicians back then associated epileptic seizures with wicked spirits. For this reason, the diagnosis of epilepsy was non-medical. The Greeks diagnosed epilepsy by burning a ram's horn under a patient's nose, while the Romans used a black mineraloid. ②If the person fell to the ground in response, he was deemed epileptic. Epileptics were long subject to social stigma, being shunned or punished. ④Hippocrates attributed the sickness to a disorder of the brain in the 4th century BC, but the idea was much too revolutionary at that time. Only when medical thinking advanced did doctors' minds change. Neurologists proposed that ③the seizures were due to electro-chemical discharges in the brain. This was proved with the invention of the electroencephalograph, which revealed electrical discharges in the brains of epileptic patients. People now have changed attitudes toward epileptics although the disturbing symptoms of the disease still cause some sufferers to keep their illness a secret.

* epilepsy 뇌전증

① In ancient Babylon, the symptoms of epilepsy were treated as a major medical condition by doctors.

② In ancient times, epilepsy was diagnosed when a person fell to the ground during an unscientific test.

③ An electroencephalograph proved the theory that epileptic seizures were due to electrical discharges in the brain.

④ Hippocrates identified a link between epilepsy and the brain, but his theory was not accepted by society.

해설

지문 처음에서 고대 바빌론의 의사들은 뇌전증 발작을 사악한 영혼과 연관 지었기 때문에 그 질병의 진단법은 비의학적이었다고 했으므로, '① 고대 바빌론에서, 뇌전증의 증상은 의사들에 의해 중요한 의학적 질병으로 다뤄졌다'는 것은 지문의 내용과 일치하지 않는다.

해석

수세기 동안, 뇌전증은 초자연적인 질병으로 여겨졌다. 고대 바빌론의 석판에 이것의 증상에 대한 정확한 설명이 있었지만, 당시의 의사들은 뇌전증 발작을 사악한 영혼과 연관 지었다. 이러한 이유로, 뇌전증의 진단법은 비의학적이었다. 그리스인들은 환자의 코 밑에서 숫양의 뿔을 태움으로써 뇌전증을 진단했던 반면, 로마인들은 검은 미네랄로이드를 사용했다. 만약 그 사람이 그것에 대한 반응으로 땅에 쓰러지면, 그는 뇌전증이 있는 것으로 여겨졌다. 오랫동안 뇌전증 환자들은 기피되거나 응징을 받으며 사회적 오명을 쓰기 쉬웠다. 기원전 4세기에 히포크라테스는 그 질병을 뇌의 이상 때문이라고 생각했으나, 그 생각은 당시에는 지나치게 획기적이었다. 의학적 사고가 진보했을 때가 되어서야 의사들의 생각이 바뀌었다. 신경학자들은 그 발작이 뇌

에서의 전기 화학적 방전 때문이라고 제안했다. 이는 뇌파기록기의 발명으로 증명되었는데, 이것은 뇌전증 환자의 뇌에서의 방전을 보여주었다. 사람들은 이제 뇌전증 환자에 대한 태도를 바꾸었지만, 그 질병의 불안한 증상들은 여전히 일부 환자들이 그들의 병을 비밀로 하게 만든다.
① 고대 바빌론에서, 뇌전증의 증상은 의사들에 의해 중요한 의학적 질병으로 다뤄졌다.
② 고대에는, 비과학적인 시험 중에 사람이 바닥으로 쓰러질 경우 뇌전증이 진단되었다.
③ 뇌파기록기는 뇌전증 발작이 뇌에서의 방전 때문이라는 이론을 증명했다.
④ 히포크라테스는 뇌전증과 뇌 사이의 연관성을 발견했지만, 그의 이론은 사회에서 받아들여지지 않았다.

어휘

supernatural 초자연적인 accurate 정확한 symptom 증상
physician 의사 seizure 발작, 경련 wicked 사악한 diagnosis 진단(법)
ram 숫양 deem ~라고 여기다 be subject to ~을 당하기 쉬운
stigma 오명, 낙인 shun 기피하다, 멀리하다 punish 응징하다
attribute ~ 때문이라고 생각하다 disorder 이상, 장애
revolutionary 획기적인, 혁명적인 neurologist 신경학자
discharge 방전(放電) electroencephalograph 뇌파기록기
disturbing 불안한 identify 발견하다

구문분석

[16행] This was proved / with the invention of the electroencephalograph, / which revealed electrical discharges / in the brains of epileptic patients.
: 이처럼 '콤마(,) + which'가 이끄는 절이 선행사를 꾸미는 경우, '그런데 이것은 ~'이라고 해석한다.

---

18 독해 내용 일치 파악 난이도 중 ●●○

다음 글의 내용과 일치하는 것은?

Scientists have recently discovered that ①it is possible to grow human taste cells in a laboratory. It had long been accepted that the cells that allow humans to taste were ②incapable of functioning or regenerating on their own but had to be attached to and stimulated by nerves in our tongues. Because they could not be produced in a scientific setting, ③our capacity to resolve issues related to the human sense of taste, such as their destruction due to chemo or radiation therapies, was limited. Now that this has been disproved, and taste cells have demonstrated their ability to be maintained in a lab for up to seven months at a time, scientists are beginning new research into the treatment and prevention of loss of taste. Their findings could have important implications especially for cancer patients as they often experience malnutrition and unnecessary weight loss due to their loss of appetite.

① Scientists believe that creating taste cells in a lab is impractical.
② The human taste cell is the only human tissue that can regenerate on its own.
③ The lack of research on taste delayed the development of chemo and radiation therapies.
④ Research into taste cells may help people with cancer maintain their weight.

해설

지문 마지막에서 미각 상실의 치료와 예방에 대한 과학자들의 연구 결과는 불필요한 체중 감소를 겪는 암환자들에게 중요한 의미를 가질 수 있다고 했으므로, '④ 미각 세포에 대한 연구는 암에 걸린 사람들이 체중을 유지하는 데 도움을 줄 수 있다'는 것은 지문의 내용과 일치한다.

[오답 분석]
① 첫 번째 문장에서 과학자들은 실험실에서 인간의 미각 세포를 키우는 것이 가능하다는 것을 최근에 발견했다고 했으므로, 과학자들이 실험실에서 미각 세포를 만드는 것이 비현실적이라고 생각한다는 것은 지문의 내용과 다르다.
② 두 번째 문장에서 미각 세포가 스스로 기능하거나 재생될 수 없다는 생각은 틀렸음이 입증되었다고 했지만, 인간의 미각 세포가 스스로 재생될 수 있는 유일한 인체 조직인지는 알 수 없다.
③ 세 번째 문장에서 미각 세포는 과학적 원리에 따른 환경에서 만들 수 없었기 때문에 화학 요법이나 방사선 치료로 인한 미각 파괴를 해결할 수 있는 능력이 제한되었다고 했으므로, 미각에 대한 연구 부족이 화약 요법과 방사선 치료의 발전을 지연시켰다는 것은 지문의 내용과 다르다.

해석

과학자들은 실험실에서 인간의 미각 세포를 키우는 것이 가능하다는 것을 최근에 발견했다. 사람들이 맛을 느낄 수 있게 해주는 세포들은 스스로 기능하거나 재생될 수 없고, 우리의 혀에 있는 신경에 붙어서 자극을 받아야 한다는 것이 오랫동안 받아들여져 왔다. 그것들은 과학적 원리에 따른 환경에서 만들어질 수 없었기 때문에, 화학 요법이나 방사선 치료로 인한 미각의 파괴와 같은 인간의 미각과 관련된 문제들을 해결할 수 있는 우리의 능력은 제한되었다. 이제 이것이 틀렸음이 입증되었고, 미각 세포들이 한 번에 7개월까지 실험실에서 보존될 수 있는 그것들의 능력을 증명했으므로, 과학자들은 미각 상실의 치료와 예방에 대한 새로운 연구를 시작하고 있다. 암환자들은 흔히 식욕 상실로 인한 영양실조와 불필요한 체중 감소를 겪기 때문에, 과학자들의 연구 결과는 특히 그들에게 중요한 의미를 가질 수 있다.
① 과학자들은 실험실에서 미각 세포를 만드는 것이 비현실적이라고 생각한다.
② 인간의 미각 세포는 스스로 재생될 수 있는 유일한 인체 조직이다.
③ 미각에 대한 연구 부족은 화학 요법과 방사선 치료의 발전을 지연시켰다.
④ 미각 세포에 대한 연구는 암에 걸린 사람들이 체중을 유지하는 데 도움을 줄 수 있다.

어휘

incapable 할 수 없는, 불가능한 function 기능하다 regenerate 재생되다
on one's own 스스로, 독립하여 stimulate 자극하다, 활성화시키다
scientific 과학적 원리에 따른 capacity 능력 resolve 해결하다
destruction 파괴 disprove 틀렸음을 입증하다 demonstrate 증명하다
maintain 보존하다 treatment 치료, 처치 prevention 예방
implication 의미, 영향 malnutrition 영양실조 appetite 식욕
impractical 비현실적인 tissue (세포들로 이뤄진) 조직 delay 지연시키다

19 독해 빈칸 완성 - 절   난이도 중 ●●○

밑줄 친 부분에 들어갈 말로 가장 적절한 것을 고르시오.

Words that are slightly mispronounced on a regular basis are common even among a language's native speakers. For instance, former US President George W. Bush once famously said "nu-cu-lar" rather than "nu-clee-ar." Although it may be tempting to poke fun at these kinds of mistakes, it is important to remember that _____ _____. This change, known as metathesis, often occurs due to incorrect usage by a large percentage of the population. This means that if enough people keep making the same error in pronunciation, it may actually be considered correct one day in the future. For example, "wasp" was originally pronounced "waps" and "horse" used to be "hros."

① pronunciation differs by dialect
② mispronunciations can be intentional
③ words become distorted over time
④ similar sounding words have different definitions

해설

빈칸 뒤 문장에 음위 전환으로 알려진 변화는 종종 인구의 상당 비율에 의한 부정확한 관용법 때문에 일어나고, 이는 만약 충분한 수의 사람들이 계속해서 발음에서 동일한 실수를 한다면 미래에 언젠가는 잘못된 발음이 실제로 옳다고 여겨질 수도 있다는 것을 의미한다는 내용이 있으므로, 빈칸에는 '③ 시간이 흐르면서 단어들은 왜곡된다'는 것을 기억하는 것이 중요하다는 내용이 들어가야 한다.

해석

주기적으로 약간씩 잘못 발음되는 단어들은 심지어 한 언어의 원어민들 사이에서도 흔하다. 예를 들어, 미국의 전직 대통령인 조지 W. 부시는 한때 'nu-clee-ar' 대신 'nu-cu-lar'라고 말한 것으로 유명했다. 이러한 종류의 실수를 웃음거리로 삼고 싶을지도 모르지만, 시간이 흐르면서 단어들은 왜곡된다는 것을 기억하는 것이 중요하다. 음위 전환으로 알려진 이러한 변화는 종종 인구의 상당 비율에 의한 부정확한 관용법 때문에 일어난다. 이는 만약 충분한 수의 사람들이 계속해서 발음에서 동일한 실수를 한다면, 이것이 미래에 언젠가는 실제로 옳다고 여겨질 수도 있다는 것을 의미한다. 예를 들어, 'wasp'는 본래 'waps'로 발음되었고 'horse'는 'hros'였다.

① 발음은 방언에 따라 달라진다
② 잘못된 발음은 의도적일 수 있다
③ 시간이 흐르면서 단어들은 왜곡된다
④ 비슷하게 소리가 나는 단어들은 다른 정의를 갖는다

어휘

mispronounce 잘못 발음하다   on a regular basis 주기적으로
common 흔한   poke fun 웃음거리로 삼다   metathesis 음위 전환
usage (언어의) 관용법, 어법   wasp 말벌   pronunciation 발음
dialect 방언   intentional 의도적인   distort 왜곡하다

20 독해 빈칸 완성 - 단어   난이도 중 ●●○

밑줄 친 부분에 들어갈 말로 가장 적절한 것을 고르시오.

"*Post hoc, ergo propter hoc*" is a Latin phrase meaning, "after this, therefore because of this." The phrase states that X happened and then Y happened, therefore X is the cause of Y. Let's say, for instance, that a car veers off the road during a snowstorm. We presume the snow (X) caused the skid (Y). However, later it is revealed that the driver simply dozed off; that is, X and Y were completely unrelated. We make these sorts of mistaken conclusions because the human mind is programmed to _____ events. Some may think that such a small blunder matters little. After all, our knowing the driver was sleepy wouldn't have affected the outcome. But consider this: What happens when we do this in a criminal case or medical emergency? What happens during a plague or rescue mission? Lives can be ruined or lost due to this logical fallacy. One must remember that correlation does not necessarily equal causation.

① accept
② connect
③ remember
④ expect

해설

빈칸 앞에서 눈보라가 치는 동안에 차가 갑자기 옆길로 벗어나는 상황을 예로 들며, 우리는 눈(X)이 미끄러짐(Y)을 일으켰다고 추정하지만, 이후에 운전자가 졸았다는 것이 밝혀졌고 X와 Y는 전혀 관계가 없었다고 설명하고 있다. 따라서, 빈칸에는 인간의 두뇌가 사건들을 '② 연결하도록' 프로그램이 짜여 있기 때문에 이러한 잘못된 판단을 내린다는 내용이 들어가야 한다.

해석

'Post hoc, ergo propter hoc'는 '이 다음에, 그러므로 이 때문에'라는 의미의 라틴어 구절이다. 이 구절은 X가 발생했고 그 이후에 Y가 발생했으므로 X가 Y의 원인이라고 말한다. 예를 들어, 눈보라가 치는 동안에 차가 갑자기 옆길로 벗어났다고 해보자. 우리는 눈(X)이 미끄러짐(Y)을 일으켰다고 추정한다. 하지만, 이후에 단지 운전자가 졸았다는 것이 밝혀진다. 즉, X와 Y는 전혀 관계가 없었다. 인간의 두뇌는 사건들을 연결하도록 프로그램이 짜여 있기 때문에 우리는 이러한 잘못된 판단을 내린다. 일부 사람들은 이러한 작은 실수가 중요하지 않다고 생각할지도 모른다. 어쨌든, 운전자가 졸렸다는 것을 우리가 아는 것이 그 결과(미끄러짐)에 영향을 미치지는 않았을 것이다. 하지만 이것을 생각해 보자. 우리가 형사 사건이나 응급 의료 상황에서 이렇게 하면 어떤 일이 일어날까? 전염병이나 구조 작업 중에는 어떻게 될까? 이러한 논리적 오류로 인해 생명을 해치거나 잃을 수 있다. 누구나 연관성이 인과 관계와 반드시 동일하지는 않는다는 것을 기억해야 한다.

① 받아들이다
② 연결하다
③ 기억하다
④ 예상하다

어휘

state 말하다, 확언하다   **veer off the road** 갑자기 옆길로 벗어나다
presume 추정하다, 생각하다   **skid** 미끄러짐   **doze off** 졸다
unrelated 관계가 없는   **conclusion** 판단   **program** 프로그램을 짜다
blunder 실수   **plague** 전염병   **ruin** 해치다, 파괴하다   **fallacy** 오류, 틀린 생각
correlation 연관성, 상관관계   **equal** ~와 동일하다
causation 인과 관계, 원인 작용

MEMO

시험일: _____ 년 _____ 월 _____ 일

| 공무원 9급 공개경쟁채용 필기시험 모의고사 |
영어

문제책형

가

제1과목	국어	제2과목	영어	제3과목	한국사
제4과목	행정법총론		제5과목	행정학개론	

응시자 주의사항

1. **시험시작 전 시험문제를 열람하는 행위나 시험종료 후 답안을 작성하는 행위를 한 사람은** 「공무원 임용시험령」 제51조에 의거 **부정행위자로** 처리됩니다.

2. **답안지 책형 표기는 시험시작 전** 감독관의 지시에 따라 **문제책 앞면에 인쇄된 문제책형을 확인** 한 후, **답안지 책형란에 해당 책형(1개)을 '●'로 표기하여야** 합니다.

3. **답안은 문제책 표지의 과목 순서에 따라 답안지에 인쇄된 순서에 맞추어 표기**해야 하며, 과목 순서를 바꾸어 표기한 경우에도 **문제책 표지의 과목 순서대로 채점**되므로 유의하시기 바랍니다.

4. 시험이 시작되면 문제를 주의 깊게 읽은 후, **문항의 취지에 가장 적합한 하나의 정답만을 고르** **며,** 문제내용에 관한 질문은 할 수 없습니다.

5. **답안을 잘못 표기하였을 경우에는 답안지를 교체하여 작성하거나 수정할 수 있으며,** 표기한 답 안을 수정할 때는 **응시자 본인이 가져온 수정테이프만을 사용**하여 해당 부분을 완전히 지우고 부착된 수정테이프가 떨어지지 않도록 손으로 눌러주어야 합니다. **(수정액 또는 수정스티커 등** **은 사용 불가)**

6. **시험시간 관리의 책임은 응시자 본인에게 있습니다.**
   ※ 문제책은 시험종료 후 가지고 갈 수 있습니다.

정답공개 및 이의제기 안내

1. 정답공개 일시 : 정답 가안 ▶ 시험 당일 13:00 / 최종 정답 ▶ 필기시험일 9일 후(월) 18:00

2. 정답공개 방법 : 사이버국가고시센터(www.gosi.kr) ▶ [시험문제/정답 → 문제/정답 안내]

3. 이의제기 기간 : 시험 당일 18:00 ~ 필기시험일 3일 후 18:00

4. 이의제기 방법
   · 사이버국가고시센터(www.gosi.kr) ▶ [시험문제/정답 → 정답 이의제기]
   · 구체적인 이의제기 방법은 정답 가안 공개 시 공지

🏛 해커스공무원

제1회 실전모의고사

모바일 자동 채점 + 성적 분석 서비스

※ QR코드를 스캔하여 <모바일 자동 채점 + 성적 분석 서비스>를 활용해 보세요.

※ 밑줄 친 부분의 의미와 가장 가까운 것을 고르시오. [문 1. ~ 문 4.]

문 1.

At first, Eric struggled with his writing assignment due to the <u>ambiguous</u> instructions given by the teacher. But after asking her for help, he understood what needed to be done and was able to complete it successfully.

① arduous   ② permanent
③ unclear   ④ personal

문 2.

Countries that build a <u>dexterous</u> workforce that includes people with technological expertise and creative thinking are more likely to have a strong economy.

① loyal   ② youthful
③ massive   ④ skillful

문 3.

At the end of the meeting, the manager decided to <u>bring up</u> the plans for the workshop that was scheduled for the following weekend.

① mention   ② delay
③ judge   ④ alter

문 4.

The representatives resolved to <u>strive for</u> changes in the laws on environment and wildlife protection.

① request   ② attack
③ pursue   ④ resist

문 5. 밑줄 친 부분 중 어법상 옳지 않은 것은?

It is now believed ① that we can more ② comprehensively observe what the universe looked like about 200 million years after the Big Bang because the James Webb Space telescope, which was launched in 2021 and operates in the infrared spectrum, ③ possess the capacity to penetrate cosmic dust, giving us the opportunity to look past obstacles that once made ④ it difficult to peer deep into the universe, and revealing hidden celestial bodies.

문 6. 어법상 옳지 않은 것은?

① No longer does she have the patience to work in customer service.
② The writer had her manuscript examine for errors by a professional editor.
③ Trash from the party was required to be thrown away before we left.
④ The principal requested that the students arrive on time for the assembly.

문 7. 우리말을 영어로 잘못 옮긴 것은?

① 우리는 식물의 성장을 돕기 위해 격주로 식물에 물을 준다.
   → We water the plants every other week to help them grow.
② 사람이 많은 식당이라, 예약을 해야 한다.
   → It's a busy restaurant, so you ought to make a reservation.
③ 태평양은 대서양보다 두 배 정도 크다.
   → The Pacific Ocean is about twice as big as the Atlantic Ocean.
④ 야구 경기는 오후 4시 정도까지 계속될 것으로 예상된다.
   → The baseball game is expected to last by around 4 p.m.

문 8. 다음 글의 내용과 일치하지 않는 것은?

Did you know that iodine plays a vital role in maintaining a healthy thyroid? Iodine can be found in the soil. However, some areas have low volumes of it, which leads to low iodine content in crops. This will eventually make it difficult for us to consume iodine naturally. What happens if you don't get enough iodine? A deficiency can hinder normal development and lead to hypothyroidism. In severe cases, it can cause the thyroid gland to swell. Given the gravity of these symptoms, many countries iodize salt to ensure people get enough of it in their diet without taking supplements. In an interview, Dr. David Brownstein stressed the importance of regular iodine intake, saying, "The body doesn't have much iodine stored, so if you stop taking it, you'll go back to deficiency stage very quickly."

* hypothyroidism: 갑상선 기능 저하증

① The soil in some areas of the world does not have enough iodine.
② It takes a long time for the body to exhaust its stores of iodine.
③ Many countries actively work to prevent iodine deficiencies.
④ Iodine is essential for normal development and the prevention of hypothyroidism.

문 9. 다음 글의 내용과 일치하는 것은?

> After World War II, both the U.S. and the Soviet Union aimed to spread their influence globally, leading to the Cold War. During this time, the fear of Soviet-style communism in the United States intensified. Many Americans feared that there were communist sympathizers within the United States. As a result, the House Un-American Activities Committee began an investigation. Numerous individuals, especially intellectuals and Hollywood celebrities, were targeted. They were questioned about their alleged ties to the Communist Party, often baselessly. One figure, Senator Joseph McCarthy, was particularly aggressive and accusatory. His tactics caused many to be blacklisted, fired, or even imprisoned based solely on suspicion.

① Tensions between the U.S. and the Soviet Union eased after World War II.

② Americans grew increasingly comfortable with the idea of communism during the Cold War.

③ The House Un-American Activities Committee only questioned established members of the Communist Party.

④ People lost their jobs and reputations because of McCarthy's actions.

※ 밑줄 친 부분에 들어갈 말로 알맞은 것을 고르시오. [문 10. ~ 문 11.]

문 10.

> A: I'm sorry, but I won't be joining you for coffee today. I have a new travel mug that's kept my morning drink warm, so I won't need another one.
> B: Wow, that's amazing. Where did you get it? Mine only keeps my drink warm for a couple hours after I leave the house.
> A: _____
> B: You should send me the website later.
> A: Of course. It's a little expensive, but I think a higher price is worth it for a better product.
> B: That's true. I'd rather have something that works well and lasts a long time.

① I ordered it online.

② It's not available.

③ I'd look at other products.

④ Here, take a look at it.

문 11.

> A: I have way too much stuff in my closet right now.
> B: Well, maybe it's time to get rid of some clothes. You could organize your closet.
> A: But what do I do with the things I don't want anymore?
> B: _____
> A: Oh, that's right. Then, people who need them could have them.
> B: Exactly. You can also try selling some clothes to second-hand shops.
> A: I'll look into that too. Thanks!

① I love this shirt. If you're giving it away, I'll take it.

② Just put them in a donation box. They're everywhere.

③ You can get a lot of money for some of these clothes.

④ Don't worry. I'll help you put everything in order.

문 12. 두 사람의 대화 중 자연스럽지 않은 것은?

① A: I think we should have a short meeting.
    B: We're on the same page.

② A: My band is playing tonight!
    B: Then, knock everyone's socks off.

③ A: I'd love to go to the park.
    B: So just bite the bullet.

④ A: Your daughter is so polite.
    B: She's the apple of my eye.

문 13. 다음 글의 제목으로 알맞은 것은?

> While chemical communication isn't as prominent in human interactions as it is with other species, it can still play a significant role in our social dynamics. We emit specific chemical signals called pheromones, which convey information about emotions, health, and even genetic compatibility, from various glands on the body. Take tears produced during moments of extreme distress, for example. Experts believe that these may contain chemical signals that are able to influence the emotions of individuals nearby. Additionally, our bodies can use pheromones to attract potential romantic interests, signaling to others the possibility of being an ideal genetic match.

① Chemical Bonds: The Secret Foundation of Every Relationship

② Emotion Regulation is Vital to Successful Social Interactions

③ Chemical Cues Can Send Out Important Messages

④ How Do Humans Communicate Differently from Other Species?

문 14. 다음 글의 주제로 알맞은 것은?

It's certain that teenagers today rely more on technology for entertainment compared to kids in the past. But there are still effective ways to encourage them to appreciate activities beyond the digital world. It's crucial to establish boundaries on device usage and create designated tech-free zones and times within your household. For example, if the entire family is home for dinner, have a clear rule that no devices are allowed at the table during meals. You can foster engaging conversations as you eat instead. This can be accomplished with activities such as using question cards or taking turns talking about the highlights and challenges of your day. Discussions like this emphasize the value of face-to-face interactions, illustrating that they can be as, if not more, enjoyable than what is experienced online. It will show your children that sometimes the real-world is an exciting place to live in too.

① promoting interest in experiences that are offline
② educating on the safe use of digital tools
③ encouraging respect for strictly obeying household rules
④ talking about important issues with close family members

문 15. 다음 글의 요지로 알맞은 것은?

Educators and parents often turn to "extrinsic rewards" such as stickers, candy, or money to encourage children to learn. But this approach, if overused, can rob children of the opportunity to appreciate the natural value of knowledge and the joys associated with learning, such as curiosity and the desire to improve. This is because they become more interested in getting a reward than learning. In addition, it can send the message to the children that they should get external approval for their actions. If they are always rewarded for doing tasks others expect them to do, it might make them feel as though they can't depend on their own judgement. That's why having both external and intrinsic motivation is crucial. External rewards help get children excited in a task, while intrinsic motivation keeps their love for learning going.

① Offering extrinsic rewards promotes curiosity in children.
② Children should be taught to always get external guidance.
③ Parents should take joy in celebrating their children's academic achievements.
④ Balancing intrinsic and extrinsic motivation fosters joy in learning.

문 16. 밑줄 친 부분에 들어갈 말로 알맞은 것은?

Companies leverage user-generated content (UGC) to both engage their existing customer base and attract new consumers. UGC, often in the form of reviews and testimonials, serves as proof of a product's value. With the increasing ubiquity of the Internet and social media, businesses find it easier to amass UGC through online campaigns. Many companies use the accumulated ideas of customers to create logos, trademarked slogans, and marketing advertisements. Some companies have even used UGC to develop products that are considered _____. For instance, LEGO operates a Product Ideas campaign, allowing individuals to submit their own LEGO set ideas and samples. LEGO then selects the best concepts and transforms them into actual toys available for purchase in their stores.

① sustainable
② official
③ expected
④ luxurious

문 17. 다음 글의 흐름상 어색한 문장은?

Sometimes organizations need to rebrand, a process that may involve changes to a symbol, name, imagery, or a combination of these elements. Various issues can prompt such a change. ① A merger or an acquisition can lead to the blending of two brand identities into a single cohesive one. Companies might also rebrand if there's a need to appeal to a new demographic or if their offerings have changed. ② The need to shed negative connotations or an outdated image is another compelling reason to rebrand. In an age where cultural sensitivity matters, it is essential for brands to ensure they are resonating with diverse audiences and not perpetuating stereotypes. ③ Understanding consumers is important, but it's also critical for a company to know its competitors. Take, for instance, the example of the Washington Redskins. ④ The professional football team changed its name to the Washington Commanders due to the offensive nature of its original name. It rebranded because it recognized the importance of aligning its identity with the evolving expectations of society.

문 18. 주어진 문장이 들어갈 위치로 알맞은 것은?

> This information is then sent to a central system, which shares it with the public through apps, websites, and public display boards.

> Following escalating concerns about air quality and its impact on public health, the Singaporean government has introduced an interesting new program. (①) Known as the "Pollution Index Express" (PIE) system, it uses public buses as units for measuring air quality. (②) As these buses drive through the streets of the city, they use sensors to constantly collect data on a range of pollutants. (③) If pollution gets too bad, the system warns people about it. (④) It also helps the government make informed decisions so that they can keep the air cleaner for the people.

문 19. 주어진 글 다음에 이어질 글의 순서로 알맞은 것은?

> Ancient civilizations had laws that structured society and maintained order.

> (A) For instance, a son who hit his father would have his hands cut off, a penalty rooted in the principle of "an eye for an eye."
>
> (B) It consisted of 282 laws detailing crimes and the punishments that corresponded to each offense, many of which are quite severe by today's standards.
>
> (C) One of the earliest codified legal systems was the Code of Hammurabi, named after the Babylonian king who commissioned it in the 18th century BCE.

① (A) − (B) − (C)　　② (B) − (A) − (C)
③ (C) − (A) − (B)　　④ (C) − (B) − (A)

문 20. 밑줄 친 부분에 들어갈 말로 알맞은 것은?

> Addiction is a complex phenomenon that often defies explanation. Psychologists tend to attribute it to a combination of factors, but there is no definitive way to pinpoint who will develop an unhealthy relationship with a substance or activity. It is understood, however, that there are both behavioral and cognitive processes at play, which is key to determining how treatment is approached. Behaviorally, addiction is characterized by the compulsive use of a substance or engagement in an activity that has harmful consequences. Over time, the behavior becomes automatic, with cravings for the addictive substance or activity manifesting and tolerance for it developing. Cognitively, distorted thoughts accompany addiction. For instance, an addict might rationalize the use of a substance or underestimate its impact. Recognizing that addiction encompasses many components is crucial for a successful intervention to take place. Cognitive Behavioral Therapy, which addresses both the behavioral impulses and cognitive distortions associated with addiction, has proven effective in many cases as it works _____.

① through a multifaceted approach
② over an extensive period of time
③ without use of medications
④ before a serious problem can develop

제2회 실전모의고사

모바일 자동 채점 + 성적 분석 서비스

※ QR코드를 스캔하여 <모바일 자동 채점 + 성적 분석 서비스>를 활용해 보세요.

※ 밑줄 친 부분의 의미와 가장 가까운 것을 고르시오. [문 1. ~ 문 4.]

문 1.
We received some grave news about sales in the team meeting this morning.

① serious
② unexpected
③ outdated
④ amazing

문 2.
A propensity is a natural inclination toward a certain action or behavior. For instance, it is common for people to have a propensity for being lazy.

① tendency
② respect
③ generosity
④ distaste

문 3.
The deadline for the English assignment has been moved back by the teacher.

① confirmed
② deferred
③ rejected
④ prepared

문 4.
Political disagreements are put up with by citizens, who must wait until they're settled before changes can be made.

① noticed
② questioned
③ remembered
④ tolerated

문 5. 밑줄 친 부분에 들어갈 말로 가장 적절한 것은?

Elected leaders need to persevere and demonstrate _____ in the face of adversity.

① resilience
② liberty
③ dependence
④ curiosity

문 6. 밑줄 친 부분 중 어법상 옳지 않은 것은?

In sports, the mementos ① connected to iconic moments are usually items ② for which many sports fans hold great esteem, as they are ③ satisfying to own due to the memories they evoke, and this historical appeal is ④ that fans find hard to resist.

문 7. 밑줄 친 부분이 어법상 옳지 않은 것은?

① The missing treasure was sought after by explorers.
② Sam saw the asleep baby in the bed.
③ My family does not take vacations as frequently as it used to.
④ He must have arrived at the station by now and will probably call soon.

문 8. 우리말을 영어로 잘못 옮긴 것은?

① 그녀는 작품을 제출하기 전에 신중하게 교정했다.
→ She proofread her work carefully before submitting it.
② 관리인은 폭풍우 이후에 건물의 창문 일부가 부서진 것을 발견했다.
→ The janitor found some of the building's windows broken after the storm.
③ 그 작가의 마지막 두 편의 역사 소설은 읽기에 흥미로웠다.
→ The author's last two historical novels were interested to read.
④ 런던에서 열리는 미술 전시회 전에, 우리는 스트랫퍼드에서 열린 것에 참석했다.
→ Prior to the art exhibit in London, we attended one in Stratford.

※ 밑줄 친 부분에 들어갈 말로 가장 적절한 것을 고르시오.
[문 9. ~ 문 10.]

문 9.

A: Have you seen the flour? I want to bake a cake.
B: _____
A: Oh. Well, I wish you had bought some more.
B: I ordered a new bag from an online shop.
A: When is it supposed to arrive?
B: It should be here by tomorrow.

① No. Did you check the storage room?
② You know I don't cook often.
③ Sorry. But I used it all last weekend.
④ Weren't you going to bake some cookies?

문 10.

A: I didn't see you at the office workshop yesterday.
B: I was at a client meeting. I heard the workshop was informative though.
A: It was. The speaker gave us useful strategies for managing time better.
B: Oh, I wish I had been there.
A: I can lend you the handouts from the session.
B: _____

① You're right. My meeting should have been postponed.
② I see. You can attend the next workshop then.
③ I'm not sure. The speaker doesn't know me well.
④ Please do. I would love to see what I missed.

문 11. 두 사람의 대화 중 자연스럽지 않은 것은?

① A: Have you decided what movie to watch tonight?
   B: I'm still not sure. I'm torn between a comedy and a thriller.
② A: Where did you find the people in your book club?
   B: I joined an online forum for people who like to read.
③ A: Excuse me, can I ask you a favor? I lost my watch. Could you tell me the time?
   B: My schedule is totally booked today.
④ A: I can't believe you know Leslie. What a small world. Do you two work together?
   B: We're actually from the same hometown.

문 12. 다음 글의 제목으로 가장 적절한 것은?

The Paradox of Choice, a book by psychologist Barry Schwartz, examines the factors that influence consumers' shopping decisions. Using personal interviews and experiments as evidence, Schwartz reveals how providing too many options for a product can counterintuitively hurt a retailer's profit margin. For example, one study mentioned in the book describes two jam sales at a supermarket. The first sale offered 24 types of jam. If shoppers took a free sample, they were then given a coupon for a discount on the jam. The second sale employed the same promotion but only offered six types of jam. Although the sale involving 24 jams attracted more shoppers, it resulted in fewer sales and thus less revenue than the sale involving only six jams.

① Retailer Psychology
② Demand for Discounts
③ Successful Advertising Promotions
④ Downside of Abundant Choices

문 13. 다음 글의 주제로 가장 적절한 것은?

Professional athletes, musicians, CEOs, and other high achievers share a common trait beyond their innate talents: mental toughness. It's the ability to stay strong when confronted with difficulties. Mental toughness comprises four essential components known as the four C's. Control represents the feeling that you are in charge of your life, making positive change possible. Commitment is the unwavering dedication to achieving goals, persistently working towards success no matter the circumstances. Challenge refers to the drive to embrace and adapt to setbacks, viewing momentary challenges as opportunities for future growth. Confidence is, of course, the belief in one's abilities, empowering people to perform at their best. In practice, these four elements combine to form the basis of mental toughness, enabling individuals to overcome hardship and excel in their respective fields.

① natural talents of highly successful people
② aspects that are fundamental to mental strength
③ opportunities to turn a challenge into growth
④ fields that require more mental toughness

문 14. 다음 글의 요지로 가장 적절한 것은?

Research from Svante Pääbo, the Nobel Prize winner who decoded the Neanderthal genome, enabled molecular biologists to discover that traces of Neanderthal DNA persist in modern humans, comprising roughly 1 to 6 percent of our genetic makeup. In the distant past, this Neanderthal genetic material boosted the health of early Homo sapiens. However, research shows that the advantages of Neanderthal DNA that our ancestors once enjoyed are now problematic for humans. For example, a gene inherited from Neanderthals that increases blood clotting was beneficial in the past, but it is now a cause of increased susceptibility to strokes. Neanderthal DNA has also been linked to autoimmune disorders such as Graves' disease and rheumatoid arthritis.

① The bulk of human DNA comes from Neanderthal ancestors.
② Neanderthal genes affect contemporary medical conditions.
③ The human immune system has remained the same through the ages.
④ Neanderthals did not suffer from certain autoimmune diseases.

문 15. 다음 글의 내용과 일치하지 않는 것은?

Around 90 percent of cranberries are gathered through a unique process known as wet harvesting. Each autumn, farmers flood cranberry fields with 18 inches of water pumped in from nearby streams or rivers. Then, the farmers use a tool called a water reel. It is shaped like a big wheel, and as it spins, it shakes and loosens cranberries from their vines. Once detached from the plants, the cranberries, which have an internal air pocket, rise to the surface. The floating berries are moved with thick ropes toward a machine that vacuums the fruit into a truck. Wet-harvested berries are used in juices, sauces, and dried fruit snacks or are processed into supplements and other nutraceutical products.

① 크랜베리의 대부분은 습식 수확이라는 방식으로 수확된다.
② 크랜베리를 수확하기 위해 큰 바퀴 모양의 도구가 나무를 흔든다.
③ 나무에서 분리된 크랜베리의 내부에는 공기주머니가 있다.
④ 습식 수확된 크랜베리는 가공 식품으로는 만들어지지 않는다.

문 16. 다음 글의 흐름상 어색한 문장은?

I listened to a radio interview with an author who had written dozens of books. The radio host asked the author how she had accomplished this, considering that writing a book can take a very long time. ① She said that she had learned the power of doing things step by step at a young age. ② "I once had to write a report on birds," she said, "but because I did not have a clear plan, I wasn't able to finish it on time." ③ It is a topic that a large number of scholars have studied. ④ The author continued, "Many writers make the same mistake. They approach their work in a disorganized manner, so they take a long time to finish writing a book." She argues that authors should instead identify the steps they need to take and then go through them in the correct order.

문 17. 주어진 글 다음에 이어질 글의 순서로 가장 적절한 것은?

For decades, the idea of genetic engineering and editing remained deeply in the realm of science fiction.

(A) This new technology can be used to cure diseases and correct errors in DNA, making genetic alteration a welcome development instead of a nightmare scenario.

(B) Recently, though, technological advances have made genetic modifications a reality. In fact, the CRISPR-Cas9 gene-editing system now allows specific genes to be activated, turned off, or functionally changed.

(C) For example, novels like Brave New World and Oryx and Crake present these practices as part of dystopian futures in which they lead to abuses and widespread societal problems.

① (A) - (B) - (C)　　　　② (A) - (C) - (B)
③ (B) - (C) - (A)　　　　④ (C) - (B) - (A)

문 18. 주어진 문장이 들어갈 위치로 가장 적절한 것은?

To do this, you should create a professional portfolio with examples of your qualifications and accomplishments.

A management position has opened up in your company. You're well-qualified for it and would like to be considered for promotion. But how do you go about getting the job? (①) Your first course of action should be to request a meeting and then prepare yourself to prove your worth by showing your skills, knowledge, and natural competencies. (②) By providing evidence of your credentials and past performance, you will be ready to have a discussion about your career goals and how they align with the company's need to fill the open position. (③) During the meeting, listen attentively and ask questions about the expectations of the ideal candidate. (④) Point out what qualifies you to meet these, but remember to be professional and not overly confident as you don't want to come across as arrogant.

※ 밑줄 친 부분에 들어갈 말로 가장 적절한 것을 고르시오.
[문 19. ~ 문 20.]

문 19.

Many people struggle with procrastination often due to the fear that they are not fully prepared for a task. These concerns cause them to do other things to avoid having to start. For example, they may delay launching a business or beginning a new artistic project until they feel completely ready for success. _____, there's no such thing as being perfectly ready. Waiting for that moment can cause missed opportunities and hinder long-term growth. If you don't start, you'll have accomplished nothing, and improvement can't happen until you take the first step. Winston Churchill's quote seems to ring true when he said that "Perfection is the enemy of progress."

① Truthfully
② Luckily
③ Reluctantly
④ Carefully

문 20.

In today's digital age, children's technological literacy is crucial for their education, ability to communicate with their peers, and future careers. However, the pervasive issue of digital addiction is a concern. Many children are opting to stay indoors alone, engrossed in video games or online content, which can delay their social development and lead to unhealthy levels of inactivity. Striking a balance between technology use and real-life interactions is essential. Parents of this generation can begin by _____.
Experts recommend restricting screen time before bedtime and during family gatherings and mealtimes. Appropriate times to use devices can be after homework is done or in other parent-approved situations. These guidelines highlight the importance of real-life social interaction, promote a healthier relationship with technological devices, and ensure children acquire the necessary skills to thrive in the digital era.

① learning as much about technology as possible
② utilizing traditional forms of communication
③ setting boundaries on device usage
④ evaluating their child's technical literacy

제3회 실전모의고사

모바일 자동 채점 + 성적 분석 서비스

※ QR코드를 스캔하여 <모바일 자동 채점 + 성적 분석 서비스>를 활용해 보세요.

문 1. 밑줄 친 부분에 들어갈 말로 가장 적절한 것은?

No matter the subject, news anchors attempt to remain as _____ as possible so they do not influence viewers' judgments.

① impartial
② enthusiastic
③ mutual
④ subjective

※ 밑줄 친 부분의 의미와 가장 가까운 것을 고르시오. [문 2. ~ 문 4.]

문 2.

All the available studies argue that constant dieting is unhealthy, leading to numerous potential health risks.

① assert
② acknowledge
③ conflict
④ suppress

문 3.

He couldn't pass up the exciting job offer that provided a generous salary.

① break out
② turn down
③ catch up with
④ get the better of

문 4.

My sister had a nimble mind, which gave her the ability to rapidly solve problems in a creative way.

① joyful
② clever
③ narrow
④ humble

문 5. 어법상 옳은 것은?

① The novel discusses much complex topics that are difficult for casual readers.
② The youths of today's generation will undoubtedly become unhealthier than its parents.
③ Being late in the day, we decided to end the meeting.
④ Even before firefighters arrived, residents had exited the building in a calm and orderly manner.

문 6. 밑줄 친 부분의 의미와 가장 가까운 것은?

The bank now provides an application that allows its members to keep tabs on their personal accounts. It sends them a notification when they spend more than the limit they set for themselves and helps them budget their money effectively.

① connect with
② remind of
③ quickly notify
④ carefully watch

문 7. 밑줄 친 부분 중 어법상 옳지 않은 것은?

Wind energy has provided us ① a means of reducing our environmental impact while maintaining modern conveniences. Although this technology has existed for decades, recent research that shows the earth ② warming at an alarming rate has spurred renewed interest in its utilization. What is remarkable is how far the development of alternative energy sources ③ has come. Batteries are now capable of storing large amounts of wind energy, allowing us to have naturally powered houses, ④ that can operate regardless of the weather conditions.

문 8. 우리말을 영어로 잘못 옮긴 것은?

① 혹시라도 그 마케팅 전략이 신규 고객들을 얻는 데 실패한다면, 부서장은 좌천될 수도 있다.
　→ Should the marketing strategy fail to acquire new customers, the head of the department may be demoted.
② 백신이 도입된 이후 말라리아 환자가 줄어들어왔다.
　→ There have been fewer cases of malaria since a vaccine was introduced.
③ 당신이 아무리 열심히 노력하더라도, 당신은 그것을 완수할 수 없다.
　→ However you may try hard, you cannot carry it out.
④ 그 사고는 토요일에 일어났고, Josh가 그것을 목격했다.
　→ The accident happened on Saturday, and Josh witnessed it.

문 9. 밑줄 친 (A), (B)에 들어갈 말로 가장 적절한 것은?

Vacationing with a partner has some benefits: not only will you be safer, but you will create memories that you can recall together long after the trip is over. If you are willing to take a chance and travel alone, ___(A)___, you may find your journey much more rewarding. Having complete control over your itinerary can be exhilarating, since you have the freedom to do the things you personally enjoy, like walking through a night market, chatting with the locals, or visiting cultural landmarks that others might prefer to skip. You could, of course, end up getting lost, and you wouldn't have the ability to share your adventures with anyone. ___(B)___, you will learn to cope with each and every challenge you encounter on your own. The experience will help you realize your inner strength and give you more confidence as an individual.

	(A)	(B)
①	furthermore	Instead
②	however	Regardless
③	consequently	Likewise
④	therefore	Specifically

문 10. 다음 글에 나타난 화자의 심경으로 가장 적절한 것은?

> I remember the last time I saw her. When she called to ask me to come visit her in her commanding baritone—unexpected for a woman of her advanced age and diminutive stature—I braced myself for the worst. Rarely did she make such requests, knowing that I'd be too busy for her, doing all the things busy young people do. When I arrived at the hospital, the nurse guided me to her room and closed the door, leaving me standing there awkwardly. "Well? Are you going to say anything?" Grandma shouted. That broke the ice, and we spent the afternoon chatting about everything under the sun. When I heard the news of her passing the next morning, I wept, grateful that she'd reached out to me one last time.

① sentimental and wistful
② foreboding and frightening
③ melancholic and depressing
④ excited and delighted

문 11. 밑줄 친 부분에 들어갈 말로 가장 적절한 것은?

> A: Do you have any plans this summer?
> B: I'll be going on a road trip.
> A: That sounds like fun!
> B: Yes, I can't wait! How about you?
> A: Well, my shop has been busy lately. I probably won't be able to get away.
> B: That's a shame. I admire you for working so hard, but _____.
> A: I know. I can't remember the last time I had a day off.
> B: Hopefully you'll be able to rest soon.

① you need to take it easy
② you'll be back to the shop soon
③ you've already made plans with us
④ at least you're not too busy

문 12. 우리말을 영어로 잘못 옮긴 것은?

① 자선단체는 대피소에 통조림 제품과 의약품들을 보냈다.
→ The charity organization sent the shelter canned goods and medical supplies.
② 매일 아침 동이 트기 전, 가장 어린 부대원은 깃발을 올리기 위해 밖으로 나간다.
→ Each morning before dawn, the youngest troop member goes outside to raise the flag.
③ Susan은 감기에 걸렸기 때문에 오늘 수업을 하는 것이 불가능하다.
→ It is not possible for Susan to teach today because she has the flu.
④ 당신이 해결하지 못하는 문제에 대해 너무 많이 생각하거나 걱정해도 소용없다.
→ There's no use thinking too much or worry about a problem you can't fix.

문 13. 두 사람의 대화 중 가장 자연스러운 것은?

① A: We haven't seen each other in ages.
B: I have an appointment with the eye doctor.
② A: Do you know how to find the library?
B: There's a map posted near the bus stop.
③ A: I have no energy after a long day of work.
B: You can plug in your phone here if you need power.
④ A: I need to drink some water.
B: I've already watered the plants.

문 14. 다음 글의 제목으로 가장 적절한 것은?

> We instinctively seem to know that a work like *Moby Dick* is not in the same genre as the latest teen vampire novel, even though they are both creative stories. So what distinguishes them? The former is what is often categorized as literary fiction. Characters take center stage, and choices of style and language are incredibly important. Literary fiction tends to examine deep philosophical constructs and therefore often includes commentary on society and the human condition. Compare this to the books on bestseller lists. These are mainstream works and most are driven by plot. There is far more action and the story itself is what intrigues readers. The writing is not as skillful, and dialogue is abundant.

① The Role of Characters in Fiction Novels
② Why Literary Fiction is Highly Regarded
③ Differences Between Literature and Mainstream Writing
④ The Popularity of Mainstream Books in Today's Culture

문 15. 글의 흐름상 가장 어색한 문장은?

Many people believe that crying is a healthy outlet. However, research over the last several decades has proven that this is not always the case. For one, laboratory experiments revealed that some people are more likely to feel depressed immediately after shedding tears. ① Crying results in sympathetic overstimulation, otherwise known as the fight-or-flight response, that depletes the body of serotonin. ② This deficiency generates mood-altering reactions that include symptoms such as anxiety, irritability, and even obsessiveness. ③ Further research has revealed that emotional weeping is largely linked to how positively or negatively our early instances of crying are experienced. ④ The effects are particularly pronounced in those who already have preexisting issues with anxiety and other mental disorders.

문 16. 밑줄 친 부분에 들어갈 말로 가장 적절한 것은?

Once in a while, the sea produces a rare phenomenon known as a cappuccino coast. This is when the ocean creates a thick, light-brown foam that resembles the froth on top of coffee. As pretty as it looks, the foam is ＿＿＿＿＿＿＿＿＿＿＿. It is made up of a combination of salt, chemicals, fish remains, and dead ocean plants among other things. These impure elements get mixed together by strong currents to create filthy suds that then get carried to shore by the waves. Those who are lucky enough to witness the spectacle often jump into the beautiful bubbles. But while it's not really hazardous, one would probably not want to remain in the grimy water too long.

① hardly sanitary
② clearly manufactured
③ entirely unpredictable
④ barely caffeinated

문 17. 다음 글의 요지로 가장 적절한 것은?

Economies of scale are attained when increased product output results in a cost advantage for the manufacturer. For example, a greeting card company pays a certain amount for supplies needed to produce 1,000 greeting cards. When the manufacturer has an increasing number of orders, the supplier offers a discount on the greater quantity of supplies requested. Thus, additional cards cost less to produce, resulting in higher revenues. The company must now carefully weigh the decision to expand. The costs of expanding can wipe out the savings enjoyed by manufacturing on a larger scale.

① Economies of scale can be maintained as long as the company grows.
② Small businesses tend to benefit the most from economies of scale.
③ Businesses must balance growth with maintaining economies of scale.
④ Large corporations are generally easier to operate than smaller ones.

문 18. 주어진 글 다음에 이어질 글의 순서로 가장 적절한 것은?

In the 1970s, inventor Raymond Kurzweil released the first handheld electronic reading machine, which could scan text and read it out loud through a synthesizer. This was designed to help the blind, and one of its first adopters was the musician Stevie Wonder.

(A) Known as the K250, the instrument featured a total of 96 instruments, and performers could play up to 12 keys simultaneously. With features including looping and crossfading, the keyboard quickly became an industry leader and was utilized by well-known pianists in professional recordings.

(B) As a teenager, Kurzweil had invented a computer that could write its own music, so this request was relevant to his expertise and interests. He ended up producing the first electronic keyboard that sounded so similar to real pianos that several professional pianists, including Wonder, could not distinguish the two.

(C) This began a long partnership between Kurzweil and Wonder. In 1982, Wonder invited Kurzweil to his home and asked him if it was possible to create an electronic keyboard that could emulate the sounds of real acoustic instruments.

① (B) － (A) － (C)　　　② (B) － (C) － (A)
③ (C) － (A) － (B)　　　④ (C) － (B) － (A)

문 19. 주어진 문장이 들어갈 위치로 가장 적절한 것은?

> But the longer business owners take to contemplate such changes, the more problems they may create for themselves.

> One of the most important things that many small startup businesses need to do is pivoting. Pivoting involves a shift in some aspect of the business's focus. (①) This could be a modification to the company's product, an adjustment to the services offered, an alteration to the target market, or a change to the revenue model. (②) Changes of this nature can be daunting, and they require careful consideration. (③) For example, they may miss valuable opportunities if they're reluctant to make necessary changes. (④) To avoid this situation, entrepreneurs must be able to honestly evaluate their sales and growth. This enables them to react quickly and decisively, allowing them to avoid the common downfall of missing the limited window in which pivoting could save the company.

문 20. 다음 글의 내용과 일치하지 않는 것은?

> Alligators and crocodiles may appear to be the same animal at first glance, but they are distinct in several ways. Alligators reside exclusively in the southeastern part of the US and eastern China, while crocodiles can be found on every continent except Antarctica. In the US, one is far more likely to encounter an alligator than a crocodile, as the latter is much scarcer there. The home ranges of the two overlap only in southern Florida. Yet they will rarely inhabit the same water bodies. Alligators are normally found in freshwater swamps, rivers, and lakes, whereas crocodiles prefer saltwater environments. Crocodiles are tolerant of saline conditions because they possess a special gland in their tongue that removes excess salt from their bodies. As for which animal is more aggressive, crocodiles are commonly known for their fierce temper and are more likely to attack humans than alligators are, which tend to be relatively timid by comparison.

① Alligators are more populous in the United States compared to crocodiles.
② Nowhere in the world do alligators and crocodiles coexist in the same region.
③ The crocodile's ability to eliminate salt allows it to reside in saline waters.
④ Crocodiles have a reputation for being more combative than alligators.

제4회 실전모의고사

모바일 자동 채점 + 성적 분석 서비스

※ QR코드를 스캔하여 <모바일 자동 채점 + 성적 분석 서비스>를 활용해 보세요.

※ 밑줄 친 부분의 의미와 가장 가까운 것을 고르시오. [문 1. ~ 문 4.]

문 1.
The charismatic speaker aroused his listeners, making them want to get more involved in their communities and bring about positive change.

① depressed
② energized
③ apprehended
④ misled

문 2.
Scientists believe that our memories are never true representations of what happened in the past. As time goes on, what we remember becomes nebulous, and our recollections turn warped.

① bitter
② vivid
③ vague
④ falsified

문 3.
None of the ideas that the manager set forth were feasible with the limited budget the company had at the time.

① concealed
② performed
③ appointed
④ introduced

문 4.
The Internet company's technician tried to get hold of the new customer to arrange a time to set up her Internet connection.

① contact
② register
③ ignore
④ understand

문 5. 우리말을 영어로 가장 잘 옮긴 것은?
① 나는 집을 공유하는 것보다 혼자 사는 것이 더 좋다고 생각한다.
→ I consider living on my own preferable than sharing a house.
② 결혼식에서 작은 선물이 손님들 각각에게 주어졌다.
→ A small gift gave out to each of the guests at the wedding.
③ 그녀는 그 서류가 즉시 작성되어야 한다고 주장했다.
→ She insisted that the paperwork be filled out immediately.
④ 우리는 저녁 식사 시간에 딱 맞춰 호텔에 도착할 것으로 예상했다.
→ We anticipated arriving the hotel just in time for dinner.

문 6. 우리말을 영어로 잘못 옮긴 것은?
① 그녀는 배가 비정상적으로 흔들리는 것을 느꼈고 이것이 뒤집힐 거라고 확신했다.
→ She felt the boat tremble abnormally and convinced it would capsize.
② 화를 다스리는 긍정적인 방법은 좋은 친구와 시간을 보내는 것이다.
→ A positive way to deal with anger is to spend time with a good friend.
③ 태국버들붕어는 너무 공격적이어서 다른 어종과 한 수족관에 넣어둘 수 없다.
→ Siamese fighting fish are too aggressive to be kept in an aquarium with other fish species.
④ 어떤 것에 대해 읽는 것과 그것을 경험하는 것은 완전히 다른 두 가지이다.
→ Reading about something and experiencing it are two completely different things.

문 7. 어법상 옳은 것은?
① He is finding extremely difficult to run again after injuring his knee.
② Only after six months will the product's price likely be reduced by 20 percent.
③ Being active can help you staying in shape, remain focused, and prevent certain diseases.
④ What there is a lack of opportunities in the country is forcing our scientists to work abroad.

문 8. 다음 글의 요지로 가장 적절한 것은?

Many assume that people who work from home accomplish less because of their environment. It is thought that they have too many distractions, such as children or household chores. These assumptions were put to the test when the pandemic forced many to stay home, as companies made adjustments for the health and safety of their workers. Since then, surveys show that 77 percent of telecommuting workers believe they are more productive working from home. This productivity has convinced many companies to stick to the arrangement, which is also more economical for them. The companies save money on real estate, supplies, and utilities through telecommuting, as they do not need to supply office space or supplies to employees. Other benefits that were unforeseen have also come to light. For example, some families who are free from the burden of commuting have moved from the inner city to suburbs or rural areas, where they rent cheaper, more spacious homes.

① Employees are compelled to make many sacrifices.
② Companies prefer employees who stick to the rules.
③ Working from home benefits both workers and companies.
④ Having personal space promotes productivity for employees.

문 9. 다음 글의 제목으로 가장 적절한 것은?

Whales are the largest marine animals and play an important role in creating the oceanic ecosystem and in maintaining Earth's environment. Their feeding and movements distribute nutrients from the seabed to the surface waters and the iron released in their waste fertilizes the oceans, allowing the population of phytoplankton to grow. This is important because these microscopic organisms form the basis of the marine food web and remove more carbon dioxide — one of the leading causes of global warming — from the atmosphere than the Amazon Rainforest when they undergo photosynthesis. In addition, whales accumulate 33 tons of carbon in their bodies, on average, during their long lives. When they die and their carcasses fall to the seafloor, the carbon they contain is effectively trapped in the ocean for centuries. However, with the population of whales down 90 percent from historical levels due to commercial whaling, millions of tons of additional carbon have entered the atmosphere and there is less phytoplankton to capture it, adding to our global warming problem. In light of this, protecting whales may be one of the keys to controlling climate change.

① How do whales fit into the marine food chain?
② What caused the drop in whale populations?
③ What can we do to protect whale species?
④ How do whale populations affect the climate?

문 10. 다음 글의 내용과 일치하지 않는 것은?

Santorini, Greece is being overrun by tourists. More than 2 million visit each year to take in its picturesque white, cubiform homes, crystal blue seas, and breathtaking sunsets. This has strained the small island's infrastructure—the electrical grid and water supply were simply not built to handle such large numbers of people and the trash they produce is piling up in the streets. As a result, the local government is looking for ways to lessen the impact of the visitors to the island. One of the steps they have undertaken to accomplish is limiting the number of cruise passengers who disembark there. This has greatly reduced the number of visitors, but has also led to a new concern among the island's locals—can their businesses survive the decline in tourism?

① 매년 2백만 명 이상의 사람들이 Santorini를 방문한다.
② Santorini의 사회 기반 시설은 현재 상황에 대처하기에 충분하지 않다.
③ 지역 정치인들은 Santorini의 방문객 수를 늘리기 위한 방법을 찾고 있다.
④ Santorini의 주민들은 관광객 제한이 지역 경제에 미칠 영향에 대해 걱정한다.

문 11. 두 사람의 대화 중 가장 어색한 것은?

① A: I figured I might as well apply for this job.
　 B: Yeah, it's worth trying.
② A: When did you last talk to Jamie?
　 B: It was roughly a week ago.
③ A: How's it going with your new puppy?
　 B: He's been easy to train.
④ A: I'll probably have to wait in line.
　 B: I'm on the line with a receptionist.

문 12. 밑줄 친 부분에 들어갈 말로 가장 적절한 것은?

A: How's life in San Francisco?
B: It's the best place I've lived so far. The beaches, the food, the parks... It's great.
A: I'm happy for you! Have you made any friends yet?
B: _____.
A: Well, there's no need to hurry.
B: Exactly. I want to focus on settling in first.
A: That's a good idea. You'll have more free time later.
B: Yeah, I'm not worried. I'm sure I'll be able to meet people once I get settled.

① Actually, I have more friends now than I used to
② You could introduce me to some of yours
③ All of my next door neighbors stopped by
④ I've been too busy moving in to get around to it

문 13. 밑줄 친 (A), (B)에 들어갈 말로 가장 적절한 것은?

The life cycle of a leaf begins in spring. A new bud sprouts and water, food, and energy begin to flow to and from the tree. Leaves bloom as the amount of daylight reaches a higher threshold. When there is plenty of sunshine and rain, the tree takes in enough to send nutrients to all its leaves. They turn different shades of green, as large amounts of chlorophyll—a green pigment that allows leaves to absorb energy from light—are produced during the warmer months. ____(A)____, when daylight hours start to decline and temperatures drop, the tree begins to shut down in preparation for winter. The tree prepares for the decreased temperatures and sunlight that accompanies the longer nights of winter by sealing off its leaves. It stops making food in order to save energy during the colder months, and its leaves no longer generate chlorophyll. ____(B)____, the green coloring fades and chemical changes occur, producing the beautiful reds, yellows, and oranges that we associate with fall.

	(A)	(B)
①	On the other hand	Nevertheless
②	In particular	Instead
③	On the other hand	As a result
④	In particular	For example

문 14. 다음 글의 주제로 가장 적절한 것은?

The application of rock salt to roads and sidewalks is a common practice in places where densely packed snow has turned into ice. The liquid water on the ice's surface dissolves the salt, lowering the freezing point of the water and causing the ice to melt, which, in turn, dissolves even more salt. This makes icy surfaces less slippery for both vehicles and pedestrians. But only recently have scientists investigated what happens to dissolved road salt. It does not simply disappear once it has served its purpose; it gets washed into nearby streams and bodies of water where it can affect plants and wildlife. For instance, increased salt concentrations have been shown to reduce the size of rainbow trout and skew the balance of male and female wood frogs. Road salt is also absorbed by roadside plants. One experiment found that the butterflies ingesting these plants developed in unusual ways. Finally, animals like moose and deer, which require supplemental salt in their diet, are attracted to the salt on roadsides. It endangers them and also presents a serious hazard for drivers.

① Threats to motorists posed by rock salt

② The efficacy of using road salt on icy pathways

③ Effects of road salt application on plants and animals.

④ A justification for the widespread application of road salt

문 15. 주어진 글 다음에 이어질 글의 순서로 가장 적절한 것은?

Readers often avoid poetry because of its perceived difficulty. However, a lot of the challenges people face when reading poems are ones they make for themselves.

(A) Poems are like music in this sense. We may not understand the structures or even the words of a song, but it can still evoke images and emotions that move us, the same way poetry can.

(B) For example, many devote themselves to trying to find the "hidden meaning" in poems, but a lot of poems are actually quite literal and have no hidden message. They merely have a nontraditional format.

(C) Even if there is such a message, being unable to interpret them doesn't really matter. Poetry is, above all, about how the words sound and the verses flow together.

① (A) − (B) − (C)   ② (A) − (C) − (B)

③ (B) − (A) − (C)   ④ (B) − (C) − (A)

문 16. 다음 글의 흐름상 가장 어색한 문장은?

Found in everything from baked goods to fried dishes, trans fats give foods better flavor and a longer shelf life, and most are synthetically manufactured. Recently, the Canadian government announced that it will prohibit the inclusion of artificial trans fats in foods. ① This is a welcome move considering that the consumption of trans fats raises the risk of heart attacks, strokes, and type 2 diabetes. ② In fact, the measure is expected to prevent 20,000 heart attacks over the next two decades. ③ Health Minister said that the ban will apply to all foods sold in the country, including food served in restaurants, and it will affect current import policies. ④ Foods with under 0.5 grams of trans fat per serving can be labeled as having no trans fat. Despite some backlash from restaurateurs and the food industry, the embargo has mostly been met with open arms from medical professionals, parents, and schools.

문 17. 다음 글의 내용과 일치하지 않는 것은?

We pursue happiness, but what is it, exactly? According to research by psychologist Jennifer Aaker, its definition evolves as we age. As teenagers, we enjoy the thrill of discovering new things. We don't really know ourselves yet, and the future seems full of opportunity. When we reach our mid-20s, we have a clearer idea of our desires and are happiest chasing our personal goals. By our late 20s and early 30s, we're most content when we can balance our work, health, and family. We begin taking on more responsibilities, like paying bills and raising children, so happiness is no longer simply about discovery and excitement. During our late 30s and early 40s, we often equate joy with finding more meaning in life; volunteering our time to help others may suddenly become appealing. Happiness at age 50 and beyond comes with slowing down to savor everything we've achieved. Looking back, we may feel as though we've become a completely different person, but all that has changed is what makes us happy, that is, how we prefer spending our time.

① Research suggests that what makes us happy changes throughout our lives.

② People in their mid-20s tend to derive pleasure from pursuing their goals.

③ Those in their early 40s tend to disregard meaning in favor of simple pleasures.

④ Taking the time to relish past accomplishments brings joy to individuals over 50.

문 18. 주어진 문장이 들어갈 위치로 가장 적절한 것은?

> The ability to configure molecular strands in this way opens the door to a whole new world of materials.

A group of chemists in the UK have accomplished a groundbreaking feat: they have tied the tightest knot known to man. Three molecular strands, each measuring 192 atoms long, were braided together and then crossed eight times to form the knot. (①) The resulting closed loop measures a mere 20 nanometers, or 20 millionths of a millimeter. (②) It will have countless applications in the construction industry, as it will be sturdier than steel. Textiles made of such knots can also be used to manufacture specialized products. (③) To illustrate, Kevlar, a tough, manmade material and a common component of body armor like bulletproof vests, consists of molecular rods that are simply arranged parallel to one another. (④) Actually braiding multiple strands of molecules together and knotting them, however, would result in materials that would be even stronger, lighter, and more flexible than Kevlar.

문 19. 밑줄 친 (A), (B)에 들어갈 말로 가장 적절한 것은?

Tsunamis are large catastrophic waves that create tremendous destruction when they strike the shore. They are generally caused by underwater tectonic activity. When a plate is put under pressure and bulges, then slips, the energy it releases sends a huge wave through the water. This wave pulls water back away from the shore and out toward where the plate slipped. Water levels near the shore ____(A)____ rapidly as part of this "drawback." The water that's pulled away eventually returns to the shore, but unlike typical waves, a tsunami does not break or curl. Instead, it travels as a giant wall of water, so it looks deceivingly like a slowly rising tide. While the impact of a tsunami is limited to coastal areas, the damage is extremely high. For instance, a giant tsunami in the Indian Ocean in 2004 was one of the deadliest natural disasters in history, killing more than 230,000 people. Unfortunately, tsunamis are not very ____(B)____, so many times they catch coastal inhabitants off guard. While there is no way to tell for sure if a tsunami will occur, the drawback can serve as a fairly reliable warning sign. People who observe an unusually large drawback should immediately head for higher ground or seek the upper floors of nearby buildings.

	(A)	(B)
①	decrease	devastating
②	increase	tolerable
③	decrease	predictable
④	increase	limited

문 20. 밑줄 친 부분에 들어갈 말로 가장 적절한 것은?

Opportunity costs are the prices we pay, in money or time, that could have been devoted to something else. What we missed out on by diverting our resources are the costs. In the field of economics, there are two different types of costs at play. "Implicit opportunity costs" refer to things that an entity must devote to a task, but don't need to be explicitly budgeted for. These are things like time, infrastructure, and personnel. While they don't need to be paid for directly, they still represent the _____, and therefore act as a cost. On the other hand, "Explicit opportunity costs" are the costs that need to be paid for directly in order to complete an action. These could include the money spent on land, raw materials, or components, among others. Both forms of opportunity costs represent money that a company or other entity has diverted to a task, which could have been spent elsewhere.

① use of an entity's resources
② inventory of a company's goods
③ value of a market's entrance
④ position of stock price

제5회 실전모의고사

모바일 자동 채점 + 성적 분석 서비스

※ QR코드를 스캔하여 <모바일 자동 채점 + 성적 분석 서비스>를 활용해 보세요.

※ 밑줄 친 부분의 의미와 가장 가까운 것을 고르시오. [문 1. ~ 문 2.]

문 1.
Recent studies indicate that the variety of animal species throughout the world has dwindled, particularly in areas heavily affected by climate change.

① declined
② combined
③ thrived
④ separated

문 2.
After the famous singer started wearing that brand of clothing, it quickly caught on across the country.

① was discarded
② was captured
③ was popularized
④ was recorded

문 3. 두 사람의 대화 중 가장 어색한 것은?

① A: What do you think of the new mayor?
　B: I think she'll effect the change we need.
② A: Did you notice the way Sam was acting?
　B: Yeah. I received a notice on my door at home.
③ A: I objected to the new policies at work.
　B: I think we're all pretty opposed to them.
④ A: I heard your wife adopted a new pet cat.
　B: It hated me at first, but it's warming up to me.

문 4. 밑줄 친 부분에 들어갈 말로 가장 적절한 것은?

A: Sir, your Internet issues are all taken care of.
B: Thank you very much! That didn't take long.
A: It was a minor problem.
B: _____?
A: See here? Your settings weren't optimized. If they aren't set properly, your connection will slow down, even if you have high-speed Internet.
B: Ah. Well, I'm glad it's all resolved.

① What do I owe you
② What should I do next
③ What was wrong with it
④ What took so much time

※ 우리말을 영어로 잘못 옮긴 것을 고르시오. [문 5. ~ 문 6.]

문 5. ① 지난달에 출시된 새로운 스마트폰은 잘 판매되고 있다.
　　→ The new smartphone, which was released last month, has been selling well.
② 그는 기한 내에 도서관 책들을 반납했어야 했다.
　　→ He could have returned the library books by the due date.
③ 원예 도구들의 문제는 그것들이 녹슬었다는 것이었다.
　　→ The problem with the garden tools was that they were rusted.
④ 그녀가 어제 떠났다면, 오늘 그녀는 이곳에 있지 않을 텐데.
　　→ If she had left yesterday, she wouldn't be here today.

문 6. ① 지난밤의 테니스 경기는 내가 지금까지 본 어떤 스포츠 경기보다 더 흥미로웠다.
　　→ The tennis match last night was more exciting than any other sporting event I've seen.
② 많은 사람들이 생각하는 것과 달리, 많은 돈을 가진 것이 항상 행복으로 이어지는 것은 아니다.
　　→ Unlike what many people think, having a lot of money does not always lead to happiness.
③ 내게 시간이 있다면 나는 다음 달에 자동차 여행을 떠날 것이다.
　　→ I will go on a road trip next month, if I'll have time.
④ 적금을 그에게 필요하지 않은 쓸모없는 것에 써버린 그 남자는 가난하다.
　　→ Impoverished is the man who has spent his life savings on useless things for which he has no need.

※ 밑줄 친 부분 중 어법상 옳지 않은 것을 고르시오. [문 7. ~ 문 8.]

문 7.

While political views tend to lean left or right, many are calling the polarization of politics ① a threat to democracy. In the past, the majority of ② what people disagreed on were issues like economic policies and approaches to problems that ③ affect everyone. However, many people today want legislation that favors their side, often at the cost of the other, and this ④ dividing two-party system is likely to worsen.

문 8.

Morals are not objectively good or bad nor are they expressed in absolute terms, but are rather defined by the culture and era ① in which people live. A society tends to agree upon morals when the behavior outlined in them ② proves to be of benefit to society as a whole. Thus, while various societies throughout time are inclined to share certain moral values, such as the need to outlaw murder, ethical principles differ ③ based on the needs and makeup of each society. For example, some societies value free speech and encourage citizens to say what they want, while ④ the other may find certain forms of speech threatening and create laws forbidding them.

문 9. 다음 글의 제목으로 가장 적절한 것은?

Biodegradation is the breakdown of materials due to exposure to oxygen, microorganisms, or other means. Technically speaking, every known substance is susceptible to biodegradation, but the term is applied to those with relatively rapid rates in contrast to those that take a long time to decompose. For example, a typical paper bag left to the natural elements will decompose in roughly a month, whereas a plastic bag can last decades. While these are well-known examples, what's less understood is the slow rate of food decomposition. Fruits are thought to be biodegradable based on our personal observation of their gradual rot, and therefore we assume they are safe to dispose of in the woods or such. However, while this is true of the parts of fruit we consume, orange peels and banana skins can take up to two years to decompose. Fruit grows with such protective exteriors for the very purpose of prolonging its biodegradability.

① Making Plastic Safer for the Environment
② Switching from Plastic to Paper Bags
③ Different Materials' Rates of Decomposition
④ Methods to Speed Up Biodegradability

문 10. 다음 글의 요지로 가장 적절한 것은?

A documentary filmmaker was interviewing factory workers around the country to shed light on the monotonous nature of their jobs. Upon arriving at a biscuit factory, he began speaking with an employee working on an assembly line. He asked her what she did and how long she had been working there. "For the last 15 years, my job has been to take the biscuits off the conveyor belt and put them into those cardboard boxes," she replied. The filmmaker asked her whether she enjoyed it. "I sure do!" exclaimed the woman enthusiastically. "I love my coworkers, and everyone has a good time." The filmmaker was incredulous. "Really? I think I'd fall asleep doing the same thing day in and day out. Don't you get bored?" he asked. Smiling broadly, the woman answered, "Not at all. Sometimes they change the type of biscuits I pack!"

① Job satisfaction creates different positive experiences.
② Take your time when communicating with your coworkers.
③ Those who do not feel job pressure are the happiest.
④ People can find job satisfaction no matter the circumstances.

문 11. 다음 글의 내용과 일치하지 않는 것은?

Though they are not always credited on screen, stand-ins have an important part to play in movie production. Before scenes are shot, stand-ins take an actor's place on the set so that the staff can visualize how the actor will appear on film. This permits directors to make technical decisions ahead of time, such as how to light a scene or where to position cameras. Accordingly, selecting stand-ins who share physical attributes with the actors they are substituting is an important part of this process. In some cases, stand-ins have also served as actors' stunt doubles.

* stand-in: (영화 배우의) 대역

① 스태프는 대역을 통해 영화 속 배우의 모습을 시각화한다.
② 대역은 촬영 현장에서 기술적인 결정을 내릴 수 있다.
③ 대역은 배우와 신체적 특징이 비슷해서 선택되기도 한다.
④ 스턴트 연기에서 대역은 배우를 대신하여 연기한다.

문 12. 밑줄 친 부분 중 글의 흐름상 가장 어색한 것은?

Corals are marine invertebrates that live in compact colonies. They are dependent on tiny algae that live within their tissues for nourishment as well as for their brilliant colors. ① If, however, the surrounding waters become difficult to survive in due to pollution or other environmental stressors, the algae leave. ② In a mutualistic relationship, as in the case of corals and their algae, both species benefit from the interaction. ③ The colonies will lose their color as a result, often turning white, and become more vulnerable to disease. ④ In time, the entire coral ecosystem suffers and runs the risk of collapse. Because the coral structures serve as food sources and habitats for other species, the interaction between coral and algae is vital to the overall health of marine environments.

문 13. 다음 글의 주제로 가장 적절한 것은?

When public smoking bans were instituted across the United Kingdom in 2007, many were opposed to them. They feared that smokers who could not have a cigarette in public would indulge more at home, increasing their children's exposure to secondhand smoke and putting them at risk for smoking-related illnesses. The evidence that has been gathered since then has proven these fears unfounded. A study in Scotland recorded a 15 percent decline in hospital admissions of asthmatic children following the ban. Premature births, which can be caused by exposure to secondhand smoke, also underwent a 10 percent decrease after the passing of laws making public places smoke-free. Experts say that the bans have made smokers more cognizant of the negative effects on health of secondhand smoke and compelled them to be more protective of those around them. This has led to an overall decrease in smoking in private spaces like homes and vehicles, and positive outcomes for people's health. Now, nations that have not yet outlawed public smoking are starting to follow the UK's lead and introduce similar measures.

① Public Approval of UK Smoking Bans
② Smoking Bans' Impact on Nonsmokers' Health
③ The Recent Drop in Children's Asthma
④ The Debate over Smoking Restrictions

※ 밑줄 친 부분의 의미와 가장 가까운 것을 고르시오. [문 14. ~ 문 15.]

문 14.
The tenacious downward trend in the stock market that began after tax rates were increased has lasted for over six weeks.

① inevitable　　　　② current
③ persistent　　　　④ distinctive

문 15.
The company will contemplate giving employees a monthly transportation allowance.

① look at　　　　② look on
③ look for　　　　④ look up

문 16. 밑줄 친 (A), (B)에 들어갈 말로 가장 적절한 것은?

Salvador Dali was an artist who captured attention with surrealist imagery. Dali may be best-known for his paintings and sculptures, but his contribution to film is nearly as prestigious. His surrealist view was a fresh new voice in independent cinema. Some of his works featured graphic scenes, such as the simulated slashing of eyes, while others had dreamlike qualities, in which images would follow one another in an illogical sequence. The daring pictures, ___(A)___, were not received warmly by everyone. Objectors would stage protests at some of his showings. They claimed the content in his movies was repulsive and corrupt. ___(B)___, some of the greatest directors still chose to work with Dali because of his unique vision. He collaborated with masters such as Alfred Hitchcock, Luis Bunuel, and even Walt Disney.

	(A)	(B)
①	accordingly	Therefore
②	similarly	For instance
③	moreover	In other words
④	however	Despite this

문 17. 주어진 문장이 들어갈 위치로 가장 적절한 것은?

> The spit not only prevents the blood from clotting so the insect can drink it, but it also contains a mild anesthetic that stops you from feeling anything.

> Mosquitoes are one of the most annoying pests we put up with during the summer months, and everyone is bound to get bitten at least once. (①) But sometimes when we get bitten, we find that it doesn't itch, only to discover ourselves scratching the bite days later. (②) This delayed reaction to mosquito bites is actually quite a common phenomenon. (③) When a mosquito begins to feed on your blood, it first injects saliva in the surrounding area. (④) Sometimes the numbing sensation only lasts for a few minutes, but a lot of the time it wears off only after several days. That is when you feel the terrible aftereffect: an itchy, red bump that seems to have appeared out of nowhere.

문 18. 밑줄 친 부분에 들어갈 말로 가장 적절한 것은?

> The development of rapid transit has hit a plateau in the last few decades. Until recently, ＿＿＿＿＿＿＿＿＿＿＿＿＿＿＿＿. These aspects were of little concern in the development of more traditional modes of transport, but they are chief limitations when moving at super high speeds. However, Elon Musk, a tech entrepreneur, seems to have found solutions for them, which he proposed in 2013. To bypass friction problems, the Hyperloop, Musk's conceptual high-speed passenger train capable of traveling at 970 kilometers per hour and reaching a maximum speed of 1,220 kilometers per hour, would use special technology to eliminate the need for wheels: the individual passenger pods would float on a thin layer of air. In addition, air resistance would be minimal because the pods would be sent through a steel tube kept in a partial vacuum, which would allow them to effortlessly glide through most of the journey.

① there were no existing safety measures that could account for such rapid speeds
② passengers have voiced their concerns about the ticket price for the transportation system
③ such systems have been dismissed by critics who think they would be too costly to construct
④ advances in high-speed rail have been hindered by issues with friction and air resistance

문 19. 다음 글의 내용과 일치하지 않는 것은?

> The latest threat to small businesses is emerging in the form of the "sharing economy." In this business model, people pay lower-than-usual fees to obtain goods and services directly from owners rather than the professionals who usually offer them. Examples include shared car rides and apartment rentals. Customers can connect with owners through peer-to-peer computer networks and mobile applications designed specifically for these purposes. Though these types of systems help ordinary people earn extra money, taxi drivers and small business owners suffer. They have seen dramatic drops in business since these services started gaining popularity. Their most common complaint is that they must pay income taxes and licensing fees while those who casually provide services through these networks do not. Meanwhile, analysts say that it is only a matter of time before regulations will be set to level the playing field.

① The new sharing economy is putting small businesses at risk of losing profits.
② People can access the sharing economy through their technological devices.
③ Those who provide professional services benefit because they pay their taxes.
④ Experts predict that laws will be introduced to help small business owners.

문 20. 주어진 문장 다음에 이어질 글의 순서로 가장 적절한 것은?

> The term "tiger parenting" began to be used in 2011 to describe the strict child-rearing of many East Asian countries.

> (A) Devoting oneself entirely to chasing good grades can inhibit the development of important skills. Students from tiger parent households often find themselves lacking in communication skills, self esteem, and social skills.
> (B) This parenting style is characterized by strict rules, a lack of freedom, and an intense focus on studying and academic achievement.
> (C) It isn't just these soft skills that suffer, however, as these students are often significantly less independent, less creative, and worse at critical thinking than those raised in other parenting styles.

* soft skills: 남들과 잘 소통하는 자질

① (A) − (B) − (C)　　② (A) − (C) − (B)
③ (B) − (A) − (C)　　④ (B) − (C) − (A)

제6회 실전모의고사

모바일 자동 채점 + 성적 분석 서비스

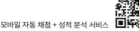

※ QR코드를 스캔하여 <모바일 자동 채점 + 성적 분석 서비스>를 활용해 보세요.

※ 밑줄 친 부분의 의미와 가장 가까운 것을 고르시오. [문 1. ~ 문 2.]

문 1.
> The rainstorms that have been pounding the East Coast since Monday will begin <u>tapering</u> this weekend.

① intensifying
② lingering
③ developing
④ weakening

문 2.
> His <u>reserved</u> nature, a personality aspect that had presented challenges for him, was something he was finally able to overcome with a lot of hard work.

① timid
② optimistic
③ sympathetic
④ merciful

문 3. 두 사람의 대화 중 가장 어색한 것은?

① A: When are you going to see Kate again?
　B: She's coming over for lunch tomorrow.
② A: I want to get a haircut. Where should I go?
　B: There's a great salon next to my apartment.
③ A: Are you planning to try out for the Christmas play?
　B: I don't know. I'm thinking about it.
④ A: I apologize. I forgot to call you on your birthday last week.
　B: You can reply by email, if you'd like.

문 4. 밑줄 친 부분에 들어갈 말로 가장 적절한 것은?

> A: Hello. I want to withdraw some cash, but I lost my debit card.
> B: In that case, I will need your ID to find your account.
> A: That's no problem. Here you go.
> B: Let's see... Here it is. How much would you like to withdraw?
> A: I need $400.
> B: Would you like that in large or small bills?
> A: _____.
> B: OK. I'll give you half in hundreds and half in tens.

① That seems too expensive
② The bigger the better
③ I'd like a mix of both
④ That isn't very much at all

문 5. 어법상 옳은 것은?

① The phases of the moon are the means by which the lunar calendar is determined.
② Such was the abandoned building's defects that the city decided to demolish it.
③ The more a color is bright, the more light it emits.
④ Many an ingredient were wasted in his attempts to perfect the recipe.

문 6. 밑줄 친 부분 중 어법상 옳지 않은 것은?

> Much of what we know about the universe ① <u>comes</u> from our limited observations from Earth. However, launching satellites and probes into space has improved our understanding substantially. Upon ② <u>entering</u> the orbit of Saturn, the *Cassini* space probe sent back detailed photos of the planet and ③ <u>its</u> moons. The information provided by these transmissions has given us a clearer idea of chemical compositions elsewhere in the universe. Moreover, we can more accurately calculate the movement of distant objects ④ <u>used</u> their observed positions from different satellites.

문 7. 주어진 글 다음에 이어질 글의 순서로 가장 적절한 것은?

> It's human nature to look at a decision someone has made and wonder why they made it. But some researchers do not think the most important aspect of decision making is why the decision was made, but how. To better understand how decisions are made, a new theory, called reinforcement learning, was devised.

(A) The artificial decision-maker is programmed with these rules, called a policy, leading it to a desired result or goal. The software algorithmically figures out the statistical likelihood that an action will reach the desired result.

(B) The basic idea of the concept centers around making decisions with the explicit goal of maximizing a cumulative reward. This is fundamental in machine learning, where a machine has codified rules governing its decisions.

(C) Upon making a decision, the software determines its value, feeding that information back into the algorithm, which updates the policy accordingly. This feedback process provides the reinforcement that the machine learns from.

* reinforcement learning: 강화형 학습

① (A) − (B) − (C)
② (A) − (C) − (B)
③ (B) − (A) − (C)
④ (B) − (C) − (A)

문 8. 다음 글의 내용과 일치하지 않는 것은?

In literature, antiheroes are main characters who lack the attributes of conventional heroes. Unlike their traditional counterparts, who are portrayed as predictably strong, upstanding people who would by no means hesitate to do the right thing, how antiheroes react is far more ambiguous. Antiheroes, while still considered heroes in that they are never inherently bad, are characters that are more like regular people because they have a weaker moral compass and are often driven by their own motives rather than those of the greater good. For instance, they may reject conventional society and become obsessed with getting revenge against their enemies. Furthermore, negative circumstances in their lives may cause them to resort to questionable methods to meet their goals. By the end of the story, they often face challenges that they do not always overcome, but the audience tends to sympathize with them more because they invariably grow into somewhat better individuals.

① Conventional heroes will not hesitate to take appropriate actions.
② Antiheroes are not considered heroes in that they are inherently bad.
③ Negative circumstances may be one of the reasons why antiheroes use questionable methods.
④ Antiheroes often gain sympathy from the audience through their growth.

문 9. 다음 글의 주제로 가장 적절한 것은?

As technology has developed, even traditional jobs have changed. Because I've been a farmer for more than four decades, I am in a position to know this. My job now looks nothing like it did in the past. Many people think farmers just get in a tractor and work the soil, but farming today is quite technologically advanced. Most of the work we once had to do by hand can now be done automatically by machinery. For instance, today's tractors and combines are equipped with GPS receivers, tracker software, and automated driving capabilities that allow them to plant and harvest crops on their own. Furthermore, I now use drones to spread pesticides and fertilizer on my crops. All this technology may seem unnecessary, but it has actually made crop production more efficient. Having machines to do these jobs has reduced the need for a large number of farm workers and has increased our agricultural output. On my farm, I now have only ten workers, but we harvest four times as much corn as I did when I began farming.

① careers in agriculture
② a farmer as a scientist
③ farming and mechanization
④ agricultural output and farm sizes

문 10. 글의 흐름상 가장 어색한 문장은?

Social media sites are the new gathering place of today's world, replacing reunions, get-togethers, and parties. It has certainly made it easier for friends and family to stay updated on one another's lives. ① As we scroll through sites, we see page after page of wedding announcements, births, news of promotions, or pictures from beautiful vacation spots. ② Sometimes, those posts make our spirits sink just a little lower because we buy into the illusion that the posters are constantly happy. ③ However, although those types of posts are usually the only ones people share, they are no doubt rare moments in most people's lives. ④ Sharing negative stories as well as positive ones will allow people to empathize with each other more. You just have to remember that although other people's lives seem perfect on social media, they experience the same ups and downs as everyone else.

※ 밑줄 친 부분의 의미와 가장 가까운 것을 고르시오. [문 11. ~ 문 12.]

문 11.

The movie's action scenes were enhanced by the inclusion of fast-paced music and special effects.

① improved by
② organized with
③ withdrew from
④ deployed in

문 12.

The only chore that Kevin's mother expected him to do was to wash the dishes after dinner, but he tried to weasel out of doing it every day.

① give tips for
② pay dearly for
③ stay away from
④ get out of

※ 밑줄 친 (A), (B)에 들어갈 말로 가장 적절한 것을 고르시오
[문 13. ~ 문 14.]

문 13.

Tsingy National Park in Madagascar is one of the most ecologically diverse regions in the world. Hundreds of species are native to the territory and still more, yet to be discovered, are thought to reside there. Although the area should be teeming with scientists, Tsingy's unique ___(A)___ has proven to be a formidable barrier. The entire park comprises tightly packed rock spires. These natural towers can reach up to 120 meters in height and are razor sharp. The ground is littered with smaller columns that are fine enough to ___(B)___ rubber soles, to say nothing of skin; a false step in this stone forest can result in lacerations or worse. Thus, few dare to venture into the perilous land, despite the biological treasures it holds.

	(A)	(B)
①	climate	dissolve
②	biology	cleanse
③	location	support
④	geography	perforate

문 14.

Soon to be an integral part of our everyday lives, personal robots are set to take over our cooking and cleaning duties, read books to our children, and express humanlike emotions. Researchers in Britain have already created a robot that can react with glee, fear, pride, anger, and sadness. And in Japan, many elderly citizens have become emotionally attached to robotic animals that enjoy being held. ___(A)___, as robots begin to mean more to us, experts are saying that now is the time to start discussing the ethics of robots. Should a self-driving car get into an accident and harm a human, ___(B)___, who would be accountable? Some might argue that the owner is at fault, while others would be quick to blame the software designer, vehicle manufacturer, or even the car itself. These types of dilemmas are not to be passed over lightly, as the ramifications on society and humanity will be profound.

	(A)	(B)
①	Furthermore	on the other hand
②	Therefore	as a result
③	However	for example
④	Otherwise	in addition

문 15. 주어진 문장이 들어갈 위치로 가장 적절한 것은?

This means the state depends heavily on the patronage of visitors to keep their market stable.

Some governments rely on tourism not merely as a sector of their economy, but as a central and crucial pillar of it. (①) For example, the number of yearly visitors to Hawaii greatly outnumbers that of its residents, making its tourist industry the largest contributor to its economy. (②) For countries like South Korea, in comparison, the relationship between tourists and the nation has become more reciprocal. (③) Fans of the country flock to Seoul to absorb its pop culture and fashion. (④) Korean industries, in turn, also tailor future products for these audiences, resulting in a give-and-take relationship.

문 16. 우리말을 영어로 잘못 옮긴 것은?

① 좋은 의사는 환자들을 편안하게 해주려고 노력한다.
　→ A good doctor tries to make patients feel comfortable.

② 전 세계에서 가장 큰 미스터리들 중 하나는 피라미드가 어떻게 지어졌냐는 것이다.
　→ One of the biggest mysteries in the world is how the pyramids were built.

③ 경범죄의 증가는 도시 관광업의 증진에 부합한다.
　→ The increase in petty crimes responds to the increase in tourism to the city.

④ Jessica는 항상 혼자 살아서 룸메이트가 있는 것에 익숙하지 않았다.
　→ Jessica always lived alone and was not used to having a roommate.

문 17. 다음 글의 내용과 일치하지 않는 것은?

For centuries, epilepsy was considered a supernatural disease. Ancient Babylonian stone tablets contained an accurate description of its symptoms, but physicians back then associated epileptic seizures with wicked spirits. For this reason, the diagnosis of epilepsy was non-medical. The Greeks diagnosed epilepsy by burning a ram's horn under a patient's nose, while the Romans used a black mineraloid. If the person fell to the ground in response, he was deemed epileptic. Epileptics were long subject to social stigma, being shunned or punished. Hippocrates attributed the sickness to a disorder of the brain in the 4th century BC, but the idea was much too revolutionary at that time. Only when medical thinking advanced did doctors' minds change. Neurologists proposed that the seizures were due to electro-chemical discharges in the brain. This was proved with the invention of the electroencephalograph, which revealed electrical discharges in the brains of epileptic patients. People now have changed attitudes toward epileptics although the disturbing symptoms of the disease still cause some sufferers to keep their illness a secret.

* epilepsy 뇌전증

① In ancient Babylon, the symptoms of epilepsy were treated as a major medical condition by doctors.

② In ancient times, epilepsy was diagnosed when a person fell to the ground during an unscientific test.

③ An electroencephalograph proved the theory that epileptic seizures were due to electrical discharges in the brain.

④ Hippocrates identified a link between epilepsy and the brain, but his theory was not accepted by society.

문 18. 다음 글의 내용과 일치하는 것은?

Scientists have recently discovered that it is possible to grow human taste cells in a laboratory. It had long been accepted that the cells that allow humans to taste were incapable of functioning or regenerating on their own but had to be attached to and stimulated by nerves in our tongues. Because they could not be produced in a scientific setting, our capacity to resolve issues related to the human sense of taste, such as their destruction due to chemo or radiation therapies, was limited. Now that this has been disproved, and taste cells have demonstrated their ability to be maintained in a lab for up to seven months at a time, scientists are beginning new research into the treatment and prevention of loss of taste. Their findings could have important implications especially for cancer patients as they often experience malnutrition and unnecessary weight loss due to their loss of appetite.

① Scientists believe that creating taste cells in a lab is impractical.
② The human taste cell is the only human tissue that can regenerate on its own.
③ The lack of research on taste delayed the development of chemo and radiation therapies.
④ Research into taste cells may help people with cancer maintain their weight.

※ 밑줄 친 부분에 들어갈 말로 가장 적절한 것을 고르시오.
[문 19. ~ 문 20.]

문 19.

Words that are slightly mispronounced on a regular basis are common even among a language's native speakers. For instance, former US President George W. Bush once famously said "nu-cu-lar" rather than "nu-clee-ar." Although it may be tempting to poke fun at these kinds of mistakes, it is important to remember that _____.
This change, known as metathesis, often occurs due to incorrect usage by a large percentage of the population. This means that if enough people keep making the same error in pronunciation, it may actually be considered correct one day in the future. For example, "wasp" was originally pronounced "waps" and "horse" used to be "hros."

① pronunciation differs by dialect
② mispronunciations can be intentional
③ words become distorted over time
④ similar sounding words have different definitions

문 20.

"*Post hoc, ergo propter hoc*" is a Latin phrase meaning, "after this, therefore because of this." The phrase states that X happened and then Y happened, therefore X is the cause of Y. Let's say, for instance, that a car veers off the road during a snowstorm. We presume the snow (X) caused the skid (Y). However, later it is revealed that the driver simply dozed off; that is, X and Y were completely unrelated. We make these sorts of mistaken conclusions because the human mind is programmed to _____ events. Some may think that such a small blunder matters little. After all, our knowing the driver was sleepy wouldn't have affected the outcome. But consider this: What happens when we do this in a criminal case or medical emergency? What happens during a plague or rescue mission? Lives can be ruined or lost due to this logical fallacy. One must remember that correlation does not necessarily equal causation.

① accept
② connect
③ remember
④ expect